Prof. L. Eberhard   HEILKRÄFTE DER FARBEN

W0095201

PROF. L. EBERHARD

Heilkräfte der Farben

Farben als Heilmittel
Anwendung in der Praxis

DREI EICHEN VERLAG MÜNCHEN

PROF. L. EBERHARD ist Spezialistin für Farbenforschung und im Besitz des Ehrendiploms der Internationalen Gesellschaft für Licht- und Farbenforschung.

CIP-Kurztitelaufnahme der Deutschen Bibliothek

Eberhard, Lilli:
Heilkräfte der Farben:
Farben als Heilmittel; Anwendung in d. Praxis
L. Eberhard. — 7. Aufl., 29.—38. Tsd. —
Drei-Eichen-Verlag, München 1987.

(Heilwissen für jedermann)
Bis 6. Aufl. u. d.T.: Eberhard, Lilli:
Heilkräfte der Farben und ihre Anwendung in der Praxis
ISBN 3-7699-0392-7

ISBN 3-7699-0392-7
Verlagsnummer 392
Alle Rechte vorbehalten
© 1954 by Drei Eichen Verlag München
7. Auflage, 29.—38. Tausend 1987
Umschlaggestaltung: Kurt Müllhofer
Gesamtherstellung: Isar-Post, Landshut

VORWORT

Die vorliegende Schrift erhebt nicht den Anspruch, das behandelte Thema erschöpft oder abgeschlossen zu haben. Es wäre Vermessenheit, das überhaupt jemals auf irgend einem Sektor der Wissenschaft zu behaupten. Die Arbeit will lediglich Anregung sein, einem Gebiet mehr Aufmerksamkeit zu schenken, dem sich die Wissenschaft bisher noch immer zu wenig gewidmet hat, das aber bei intensiver Forschung wertvolle Ergänzung und sogar Teil der allgemeinen Medizin werden kann. Es liegen immerhin genügend Erfolgsberichte namhafter Wissenschaftler vor, welche diese Erwartung rechtfertigen. Wenn sich auch heute schon die Medizin der Heilkräfte der Farben, leider nur in beschränktem Maße, laufend bedient, so gehen doch die Meinungen über das Wann, Wo und Wie der Anwendung im einzelnen ziemlich auseinander. Mögen meine Ausführungen in dieser Hinsicht Diskussionsgrundlage sein. Das Bewußtsein der Pflicht, sich aller Naturkraft zum Wohle der leidenden Menschheit zu bedienen, wolle den Forschern den Eifer zu ihrem Werk geben.

PROFESSOR L. EBERHARD

INHALTSÜBERSICHT

GOETHES FARBENLEHRE
ALS FUNDAMENT UND WEGWEISER

An die Spitze der zweiten Auflage seiner Farbenlehre setzt Goethe folgende Worte:

»Möge das Unsere wahr sein oder falsch, wir haben als Lebende die Pflicht, das Lebendige zu verteidigen, das Kommende vorzubereiten. Denn die Jugend, die zu unseren Füßen spielt, wird dereinst unser Richter sein.«

Diese Worte unseres großen Meisters habe ich mir stets als Richtschnur dienen lassen. Schon vor vielen Jahren entdeckte ich in der Goetheschen Farbenlehre den Wegweiser, der bei Weiterverfolgung dieser Richtung zum Ziele führen muß, nämlich, wie Goethe sich ausdrückte: »zum Auffinden des Generalbasses der Farben, an dessen Hand es erst ermöglicht sein wird, eine Farbentheorie zu finden und eine Farben-Lehr-Methode aufzustellen, welche sich in der Praxis als gegebenes Hilfsmittel bewährt.«

Die Aufstellung der Farben als komplementäre Farben, wie sie uns Goethe im sechsstufigen Farbenkreis angibt, ist von allen bisherigen Gegenüberstellungen der Farben die beste. Als Regel galt stets und gilt noch heute, daß die komplementären Farben bei Mischung zu gleichen Teilen ein Grau ergeben müsse. Diese Regel findet man in allen Farbenlehren, auch in denjenigen, deren Verfasser in ihrem Farbenkreise, wie beispielsweise Wilhelm Ostwald, die Farben blau und gelb als komplementäre Farben angeben. Blau und gelb vereinigt sich in der Mischung zu gleichen Teilen zu einem schönen Grün, niemals aber zu einem Grau. Das weiß jeder, der einmal die Probe gemacht hat. Dagegen lassen sich zu Grau mischen: gelb und violett, orange und blau, rot und grün. Im Goetheschen Farbenkreis findet man diese Farben gegenübergestellt.

Infolge ihrer falschen Farbenaufstellung und auch noch aus anderen Gründen, wie wir später sehen werden, gerieten die vielen Autoren der verschiedenen Farbenlehren, die nach Goethes Zeit auftauchten und die sich eine Ehre daraus machten, Goethes Farbenlehre unbeachtet zu lassen oder als absurd und falsch hinzustellen, mit ihren oft sehr lächerlichen Behauptungen in eine Sackgasse, aus der sie den Weg ins Freie nicht mehr fanden.

Goethe selbst war sich der großen Bedeutung seiner Farbenforschung vollauf bewußt, ja, er stellte sie sogar höher als seine Dichtkunst, seine eigenen Worte darüber sind:

»Auf alles, was ich als Dichter geleistet habe, bilde ich mir gar nichts ein, es hat berühmte und große Dichter vor mir gegeben und wird es nach mir geben. Aber, daß ich in meinem Jahrhundert der Einzige bin, der das wahre Wesen der Farben erkannt hat, darauf tue ich mir etwas zugute.«

Und Goethe hatte recht. Er war der einzige, der das Wahre von den Farben wußte, auf dessen Fundament eine Weiterentwicklung zu einer Naturwissenschaft der Farben und einer sich daraus entwickelten Farbentheorie möglich ist.

Nicht der Inhalt der Goetheschen Farbenlehre allein war für mich das Bedeutsame, sondern auch die Fassung. Das Methodische war für mich ebenso wichtig und bildete für mich den Wegweiser zu meiner neuen Farbenlehre.

Goethe ist auch der Begründer der physiologischen Optik. Durch Goethes Farbenlehre bekommen die Farben eine hohe Bedeutung. Er geht von dem Standpunkte aus, daß, wer nicht fähig ist, die Farbe zu erleben, auch nie einen Begriff von den großen Werten der Farbenkräfte erhalten kann und auch nie Gottes Gesetz in den Farben als Zeugnis einer besseren Welt erkennen wird.

Das Erleben der Farben, so wie Goethe sie erlebt hat, ist aber nur möglich durch die Betrachtung der Farben in der

Natur und durch die Erforschung ihrer Gesetze. Von besonderer Bedeutung ist Goethes Standpunkt, dem Psychischen den Vorzug vor dem Physikalischen zu geben.

Goethe hat sowohl die Natur der Farben ergründet als auch ganz speziell ihre Wirkungen auf die Psyche des Menschen. In seiner Farbenlehre (Sechste Abteilung »Sinnlich-sittliche Wirkung der Farbe« Seite 758) schreibt er wörtlich:

»Da die Farbe in der Reihe der uranfänglichen Naturerscheinungen einen so hohen Platz behauptet, indem sie den ihr angewiesenen Kreis mit entschiedener Mannigfaltigkeit ausfüllt, so werden wir uns nicht wundern, wenn wir erfahren, daß sie auf den Sinn des Auges, dem sie vorzüglich zugeeignet ist, und durch dessen Vermittlung auf das Gemüt, in ihren allgemeinsten elementaren Erscheinungen, ohne Bezug auf Beschaffenheit oder Form eines Materials, an dessen Oberfläche wir sie gewahr werden, einzeln eine spezifische, in Zusammenstellung eine teils harmonische, teils charakteristische, oft auch unharmonische, immer aber eine entschiedene und bedeutende Wirkung hervorbringt, die sich unmittelbar an das Sittliche anschließt. Deshalb denn Farbe, als ein Element der Kunst betrachtet, zu den höchsten ästhetischen Zwecken mitwirkend genutzt werden kann.«

Seite 759. »Die Menschen empfinden im allgemeinen eine große Freude an der Farbe. Das Auge bedarf ihrer wie es des Lichtes bedarf.«

Seite 761. »Aus der Idee des Gegensatzes der Erscheinung, aus der Kenntnis, die wir von den besonderen Bestimmungen desselben erlangt haben, können wir schließen, daß die einzelnen Farbeneindrücke nicht verwechselt werden können, daß sie spezifisch wirken und entschieden spezifische Zustände in dem lebendigen Organ hervorbringen müssen.«

Seite 762. »Eben auch so in dem Gemüt. Die Erfahrung

lehrt uns, daß die einzelnen Farben besondere Gemütsstimmungen geben.«

Seite 763. »Diese einzelnen bedeutenden Wirkungen vollkommen zu empfinden, muß man das Auge ganz mit einer Farbe umgeben, z. B. in einem einfarbigen Zimmer sich befinden, durch ein farbiges Glas sehen. Man identifiziert sich alsdann mit der Farbe; sie stimmt Auge und Geist mit sich unisono.«

Seite 764. »Die Farben von der Plusseite sind Gelb, Rotgelb (Orange), Gelbrot (Menning, Zinnober). Sie stimmen regsam, lebhaft, strebend.«

Was Goethe an den Farben am meisten interessierte, ist das Harmonie- und Naturgesetz der Farben, das er als erster richtig erkannte. In seinem Kapitel: »Von der Harmonie der Farben« (32.—36. Band, S. 118 Reclams Ausgabe), schreibt er:

»Man sagt, daß es freundliche und feindliche Farben gebe und man hat recht, wenn man darunter versteht, daß es solche gibt, die sich schwer verbinden, die dergestalt nebeneinander absetzen, daß Licht und Luft, diese beiden allgemeinen Harmonisten, uns kaum die unmittelbare Nachbarschaft erträglich machen können.

Da man auf den Grund der Farbenharmonie nicht gelangen konnte und doch harmonische und disharmonische Farben eingestehen mußte, zugleich aber bemerkte, daß stärkeres oder schwächeres Licht den Farben etwas zu geben oder zu nehmen und dadurch eine gewisse Vermittlung zu machen schien, da man bemerkte, daß die Luft, indem sie die Körper umgibt, gewisse mildernde und sogar harmonische Veränderungen hervorbringt, so sah man beide als die allgemeinen Harmonisten an . . . Man redete von Luftperspektive, nur um einer Erklärung über die Harmonie der Farben auszuweichen. Man sehe das Sulzersche Kapitel vom Colorit und wie dort die Frage, was Harmonie der Farben sei, nicht herausgehoben, sondern unter fremden und verwandten Dingen vergraben und verschüttet wird. Diese Arbeit ist also noch zu tun.«

Dies alles hat Goethe vor über 150 Jahren geschrieben. Es ist betrüblich, wie die Nachfolger von Sulzer dieses Thema in der Zwischenzeit behandelten und mit welcher Virtuosität die Harmoniefrage der Farben verschleiert oder ganz in Abrede gestellt wurde, weil die Kenntnisse der Harmonie- und Naturgesetze fehlten.

Goethe fühlte instinktiv, daß es Harmoniegesetze auch bei den Farben gibt, und tadelte die »Manier« der Maler, was ihm von dieser Seite viele Feinde einbrachte, die ihn bekämpften und ihn noch zu Lebzeiten mundtot zu machen bestrebt waren, was ihnen aber erst nach seinem Tode gelang. Auf seite 122, Bd. 32 bis 36 Reclam, schreibt Goethe:

»Wodurch unterscheidet sich denn also der Künstler, der auf dem rechten Wege geht, von demjenigen, der den falschen eingeschlagen hat? Dadurch, daß er einer Methode bedächtig folgt, anstatt, daß jener leichtsinnig einer Manier nachhängt . . . Das Resultat einer echten Methode nennt man Stil, im Gegensatz zur Manier . . . Der Mensch, der seinen Trieben und Neigungen unaufhaltsam nachhängt, entfernt sich immer mehr von der Einheit des Ganzen . . .«

Seite 123. »Wir finden, daß gesunde, starke Nationen, daß das Volk überhaupt, daß Kinder und junge Leute sich an lebhaften Farben erfreuen. Aber eben so finden wir auch, daß der gebildetere Teil die Farbe flieht, teils weil sein Organ geschwächt ist, teils weil er das Auszeichnende, das Charakteristische vermeidet. Bei dem Künstler hingegen ist die Unsicherheit, der Mangel an Theorie oft schuld, wenn sein Colorit unbedeutend ist. Die stärkste Farbe findet ihr Gleichgewicht aber nur wieder in einer starken Farbe, und nur wer seiner Sache gewiß wäre, wagte sie nebeneinander zu setzen. Wer sich dabei der Empfindung, dem Ungefähr überläßt, bringt leicht eine Karikatur hervor, die er, insofern er Geschmack hat, vermeiden wird. Daher also das Dämpfen, das Mischen, das Tönen der Farben, daher der Schein von Harmonie, die sich in ein Nichts auflöst, anstatt das Ganze zu umfassen . . .«

Seite 124. »Einfluß des Meisters. Was den wahren Coloristen selten macht, ist, daß der Künstler sich gewöhnlich einem Meister ergibt. Eine undenkliche Zeit copiert der Schüler die Gemälde des einen Meisters, ohne die Natur anzublicken; er gewöhnt sich, durch fremde Augen zu sehen und verliert den Gebrauch der seinigen. Nach und nach macht er sich eine gewisse Kunstfertigkeit, die ihn fesselt und von der er sich weder befreien noch entfernen kann. Die Kette ist ihm ums Auge gelegt wie dem Sklaven um den Fuß, und das ist die Ursache, daß sich so mancher falsche Colorit verbreitet . . . Und daher kommt die Verschiedenheit in den Urteilen über Zeichnung und Farbe selbst unter Künstlern. Der Eine sagt, daß Poussin trocken, der Andere, daß Rubens übertrieben ist, und ich, der Liliputaner, klopfe ihnen sanft auf die Schulter und bemerke, daß sie eine Albernheit gesagt haben.«

Seite 125. »Unsicherheit im Auftragen der Farben. Der Künstler, indem er seine Farbe von der Palette nimmt, weiß nicht immer, welche Wirkung sie in dem Gemälde hervorbringen wird . . . Wie oft begegnet es ihm nicht, daß er sich bei der Schätzung betrügt! Indem er von der Palette auf die volle Szene seiner Zusammensetzung übergeht, wird die Farbe modifiziert, geschwächt, erhöht, sie verändert völlig ihren Effekt. Dann tappt der Künstler herum, hantiert seine Farbe hin und wider, und quält sie auf alle Weise . . . Diese Unsicherheit kommt daher, wenn der Künstler nicht deutlich weiß, was er machen soll und wie er es zu machen hat. Beides, besonders aber das letzte, läßt sich auf einen hohen Grad überliefern. Die Farbenkörper, welche zu brauchen sind, die Folge, in welcher sie zu brauchen sind, von der ersten Anlage bis zur letzten Vollendung, kann man wissenschaftlich, ja beinahe handwerksmäßig überliefern.«

Kein Wunder, daß sich Goethe durch solche Worte bei Malpharisäern und Fachgelehrten sehr unbeliebt machte. So frei seine Meinung zu äußern, hatte sich vor Goethe niemand erlaubt. Solch ungeschminkte Wahrheiten vertrug man in diesen Fachkreisen nicht, zudem zu befürchten war, daß durch Verbreitung dieser Tatsachen die Wissenslücken auf diesem Gebiete aufgedeckt und bloßgestellt würden. Man benützte also ein in solchen Fällen schon damals gut bewährtes Mittel: man spielte die Überlegenen und sorgte dafür, daß Goethes Farbenlehre totgeschwiegen und, wo es nicht möglich war, ins Lächerliche gezogen wurde. So ist es erklärlich, daß es über 150 Jahre gelungen ist, die Goethesche Farbenlehre von allen unseren Schulen fernzuhalten. Jetzt aber ist der Zeitpunkt gekommen, sie aus ihrem Versteck hervorzuholen, um auf dem von Goethe gezeigten Wege weiterzuschreiten.

NATURBETRACHTUNG
ZU GOETHES FARBENLEHRE

Goethe ist der Begründer der physiologischen Optik. Durch Goethes Farbenlehre bekommen die Farben eine hohe Bedeutung. Für Goethe ist die Farbe das Zeugnis einer höheren Welt, das er mit folgenden Worten bekennt:

> »Ich Prisma bin ins Licht gestellt
> Zum Zeugnis einer besseren Welt,
> Die aus der Dünste trübem Netz
> Erkennet Gott und sein Gesetz.«

Goethe lehnt die rein physikalische Betrachtungsweise der Farben ab. Harmonisch kann für ihn nur etwas sein, das auf Grund von Erlebnissen erschlossen ist. Wer nicht imstande ist, die Farbe zu erleben, der wird auch nie einen Begriff von der großen Bedeutung der Goetheschen Farbenlehre bekommen und wird auch nie Gottes Gesetz in den Farben als Zeugnis einer besseren Welt erkennen. Das Erleben der Farben, so wie Goethe sie erlebt hat, ist also nur möglich durch die Betrachtung der Farben in der Natur.

Wer in dem Buche der Natur zu lesen versteht, dem werden wunderbare Erkenntnisse zuteil, der wird beobachten, daß alle Gesetze in der Natur von einer großen geistigen Ordnung zeugen, der wird ein ordnendes Prinzip erkennen in allem, was die Natur schafft. In der heutigen Zeit kennen wir nur technische Ordnungen. Die Natur aber ist die Ordnerin des Geistigen; sie ordnet nach Kräften, Energien und Charakteren, sie ordnet das Sichtbare aus dem Unsichtbaren, das Körperliche aus dem Geistigen. Nur in den Farben zeigt sie uns sichtbar den Geist, der das Zeitliche, das Räumliche und das Körperliche verbindet, das heißt: »eins werden läßt«.

Die Farbe als Geist sehen wir im Farbenstrahl, als Körper im Raum. Die Farbe ist das einzige Naturprodukt, dessen Geist und dessen Körper sowohl zusammen als auch getrennt für uns sichtbar wahrzunehmen ist — als Geist in den Spektrumsfarben, im Regenbogen in den Farben am Firmament, — als Körper in den Farben an Pflanzen und Lebewesen, und als Pigmentfarben, als färbendes Material; — als Körper und Geist zusammen aber in den leuchtenden Farben, hervorgebracht durch farbige elektrische Birnen.

In der Farbe wird uns nicht nur Geist und Körper getrennt oder zusammen sichtbar gemacht, durch sie ist auch der Begriff zeitlich und räumlich in eins vereint. Man könnte sagen, die Farben schlagen eine Brücke vom Diesseits ins Jenseits durch die gleichzeitige Verbildlichung von Geist, Zeit, Raum und Körper. Die Spenderin der Farben ist die Sonne, sie ist der Urquell des Lebens und die Bedingung alles Daseins, — die geistige Ordnerin der Farben aber ist die Natur. So, wie sie uns die Anordnung und die Reihenfolge in der Anwendung positiver und negativer Kräfte zeigt, sind wir auch verpflichtet, sie anzuwenden, wenn wir nicht gegen die Natur verstoßen wollen, was sich immer bitter rächt, wie die Erfahrungen lehren.

Goethe hat nicht nur die Natur der Farben ergründet, sondern auch ihre Wirkungen auf die Psyche des Menschen. In seiner Farbenlehre (sechste Abteilung) schreibt er wörtlich: »Die Erfahrung lehrt uns, daß die einzelnen Farben besondere Gemütsstimmungen geben.« — Weiter sagt er: »Die Farben von der Plusseite sind rot, gelbrot, gelb.« Über die Gegensätze der beiden Farbenpole gelb und blau schreibt Goethe folgendes:

»Gelb ist die nächste Farbe an Licht. Sie entsteht durch die gelindeste Mäßigung desselben, es sei durch trübe Mittel oder durch schwache Zurückwerfung von weißen Flächen.

Bei den prismatischen Versuchen erstreckt sie sich allein breit in den lichten Raum und kann dort, wenn die beiden Pole noch abgesondert voneinander stehen, ehe sie sich mit dem Blauen zum Grünen vermischen, in ihrer schönsten Reinheit gesehen werden.«

»Gelb führt in ihrer höchsten Reinheit immer die Natur des Hellen mit sich und besitzt eine heitere, muntere, sanft reizende Eigenschaft. In diesem Grade ist sie als Umgebung, es sei als Kleid, Vorhang, Tapete, angenehm. Das Gold in seinem ganz ungemischten Zustande gibt uns, besonders wenn der Glanz hinzukommt, einen neuen und hohen Begriff von dieser Farbe: so wie ein starkes Gelb, wenn es auf glänzender Seide, z. B. auf Atlas, erscheint, eine prächtige Wirkung tut.

So ist es der Erfahrung gemäß, daß das Gelbe einen durchaus warmen und behaglichen Eindruck mache. Daher es auch in der Malerei der beleuchteten und wirksamen Seite zukommt. Diesen erwärmenden Effekt kann man am lebhaftesten bemerken, wenn man durch ein gelbes Glas, besonders in grauen Wintertagen, eine Landschaft ansieht. Das Auge wird erfreut, das Herz ausgedehnt, das Gemüt erheitert; eine unmittelbare Wärme scheint uns anzuwehen.

Wenn nun diese Farbe in ihrer Reinheit und hellem Zustande angenehm und erfreulich, in ihrer ganzen Kraft aber etwas Heiteres und Edles hat, so ist sie dagegen äußerst empfindlich und macht eine sehr unangenehme Wirkung, wenn sie beschmutzt oder einigermaßen ins Minus gezogen wird. So hat die Farbe des Schwefels, die ins Grüne fällt, etwas Unangenehmes.

Wenn die gelbe Farbe unreinen und enedlen Oberflächen mitgeteilt wird, wie dem gemeinen Tuch, dem Filz und dergleichen, worauf sie nicht mit ganzer Energie erscheint, entsteht eine solche unangenehme Wirkung. Durch eine geringe und unmerkliche Bewegung wird der schöne Eindruck des Gelb in die Empfindung des Kothigen verwandelt.«

Hiermit meint Goethe sicher auch das Gelb, das auf die gleiche niedere Lichtstufe wie das Spektrumsblau zu stehen käme, das als verdunkeltes oder beschattetes Gelb grünlich und kotig aussieht. Gelb paßt nicht auf eine niedere Lichtstufe. Gelb wird als die Farbe der Intelligenz bezeichnet, ein auf tiefer Stufe stehendes Gelb wäre also vergleichbar mit einer schmutzigen Intelligenz.

Über den Gegenpol blau dagegen berichtet Goethe folgendes:

»So wie Gelb immer ein Licht mit sich führt, so kann man sagen, daß Blau immer etwas Dunkles mit sich führe. Diese Farbe macht für das Auge eine sonderbare und fast unaussprechliche Wirkung. Sie ist als Farbe eine Energie; allein sie steht auf der negativen Seite und ist in ihrer höchsten Reinheit gleichsam ein reizendes Nichts.

Wie wir den hohen Himmel, die fernen Berge blau sehen, so scheint eine blaue Fläche auch vor uns zurückzuweichen. Wie wir einen angenehmen Gegenstand, der vor uns flieht, gern verfolgen, so sehen wir das Blau gern an, nicht weil es auf uns dringt, sondern weil es uns nach sich zieht.

Das Blaue gibt uns ein Gefühl von Kälte, so wie es uns auch an Schatten erinnert.« (Als Schattenfarbe meint Goethe natürlich das dunkle Spektrumsblau.) Weiter berichtet Goethe: »Zimmer, die rein blau (kräftiges Himmelblau) austapeziert sind, erscheinen gewissermaßen weit, aber eigentlich leer und kalt. Blaues Glas zeigt die Gegenstände im traurigen Licht. Es ist nicht unangenehm, wenn das Blau einigermaßen vom Plus participiert.«

Goethe meint hier eine Neigung des Blau zum Rötlichen.

Der durch Prismen zerstreute Lichtstrahl erzeugt Farben-
bilder. Die Reihenfolge der Farben ergibt sich wie im Regenbogen in naturgesetzlicher Anordnung. Diese Anordnung
der Farbenfolge nennt man Spektrum. Kommen diese zum
Beispiel von glühenden Körpern her, so kann man auf deren
chemische Natur schließen, da jeder chemische Stoff ein eigenes, von anderen verschiedenes Spektrum hat.

Weißglühende feste Körper, sowie die hell leuchtenden
Flammen der Kerzen, Lampen und des Leuchtgases, in welchem feste Kohleteilchen in weißglühendem Zustand schwe-
len, geben ununterbrochene Spektren, in welchen alle Farben
vom Rot bis zum Violett vertreten sind. Die Spektren
glühender Gase und Dämpfe dagegen bestehen aus einzelnen hellen Linien auf dunklem oder schwach leuchten-
dem Grunde, deren Lage und Gruppierung für die chemische
Beschaffenheit des gasförmigen Körpers charakteristisch
sind.

Durch die Chemie erfährt man heute, daß sich die schwach
leuchtende Flamme eines Bunsenbrenners gelb färbt, wenn
man in sie eine in das Öhr eines Platindrahtes eingeschmol-
zene Probe eines Natriumsalzes, wie etwa Soda oder Koch-
salz bringt. Die Flamme färbt sie gelb. Im Spektroskop erblickt man eine schmale gelbe Linie etwa auf dem ersten
Drittel der Spektrenskala. Diese Linie ist für das Natrium
charakteristisch und verrät die geringsten Spuren dieses Ele-
mentes. Noch der dreimillionste Teil eines Milligramm Natriumsalzes kann auf diesem Wege nachgewiesen werden.

Von ähnlicher Empfindlichkeit ist die Reaktion (das ist
gegenseitige Einwirkung) des Lithiums, dessen Spektren sich
durch eine schwache orangegelbe und eine intensiv rote
Linie kennzeichnet. Kalisalze geben ein schwaches ununter-

brochenes Spektrum mit einer Linie im äußersten Rot, einer weiteren im Violett.

B u n s e n und K i r c h h o f f, welchen das Verdienst gebührt, die Spektralanalyse zu einer chemischen Untersuchungsmethode im Jahre 1859 ausgebildet zu haben, fanden auf spektralanalytischem Wege die bis dahin unbekannten Metalle »Rubidium« und »Cäsium«. Andere Forscher entdeckten auf gleichem Wege das »Indium« und »Talkium«.

Es wird angegeben, daß der Mond und die Planeten, welche mit erborgtem Sonnenlicht leuchten, dasselbe Spektrum aufweisen wie die Sonne. Man hat diese Tatsache als einen weiteren Beweis dafür gewertet, daß der Mond keine eigene Atmosphäre hat. Venus, Mars, Jupiter und Saturn dagegen lassen in ihren Spektren deutlich den Einfluß ihrer Atmosphäre erkennen, welche unzweifelhaft Wasserdampf enthält. Die Spektren der Fixsterne zeigen dunkle Linien, ähnlich dem Spektrum unserer Sonne, die jedoch unter sich und vom Sonnenspektrum Abweichungen zeigen. Huygens vermochte zum Beispiel im Fixsternspektrum des Aldebaran Natrium, Magnesium, Calcium, Eisen, Wismut, Tellur, Antmen, Quecksilber und Wasserstoff nachzuweisen. Der Fixstern Beteigeuze enthält dieselben Elemente wie Aldebaran mit Ausnahme von Quecksilber und Wasserstoff.

Farben geben der Natur Leben, Seele, Geist. Die Natur zeigt uns auch die einzig richtige Art der Anwendung ihrer Kräfte, und obwohl wir diese täglich vor Augen haben, haben viele sie bis jetzt kaum beachtet.

Noch vor etwa fünfzig Jahren hatte man die Farben aus den Wohnungen fast ganz verbannt, die Herrenmode blieb vollständig farblos und Damen durften sich nur »stark gedämpft« kleiden. Damit auch kein Lichtstrahl die Haut treffe, waren reichliche Schutzmittel vorhanden: die Klei-

dung bis oben zugeknöpft, Sonnenschirme, große Sonnen-
hüte, Handschuhe, in den Wohnungen schwere, lichtdichte
Vorhänge, die den Sommer über dicht zugezogen wurden,
Jalousien, die außerdem herabgelassen wurden, sobald sich
ein Sonnenstrahl in eine Wohnung verirren wollte, dazu die
dunkelsten braunen und grauen Tapeten, die aufzutreiben
waren. Und in einer solchen Umgebung sollte der Mensch
nicht krank werden? Eine statistische Untersuchung ergab,
wieviele Geisteskranke, Gemütskranke, Hysterische, Tobsüchtige, Nervenkranke usw. aus dieser Umgebung hervor-
gingen. Heute kann man sich solch ein licht- und farben-
abgeschlossenes Leben nicht mehr vorstellen.

Nun aber haben sich Licht und Farbe überall ihren Platz
erobert. Um so notwendiger ist es jetzt aber auch, daß die
Wirkungen dieser verschiedenen Energien beobachtet, kontrolliert und richtig angewendet werden. Unser Körper, unser Geist und unsere Seele haben Eigenschaften und Schwin-
gungsfähigkeiten, die mit denen der verschiedenen Farbencharaktere übereinstimmen. Die wenigsten von uns machen
sich eine Vorstellung davon, wie sie beständig von den sie
umgebenden Feinkräften und Schwingungen beeinflußt werden.

Es gibt verschiedene harmonische und disharmonische
Verbindungen dieser Feinkräfte, die auf den Menschen je
nach seiner Veranlagung einwirken. In der Chemie weiß
man, daß es gute und schlechte Kräfteverbindungen gibt.
Zwei chemische, sich ergänzende Kräfte vereinen und verbinden sich zu einer neuen guten Energie von aufbauender
Kraft. In diesem Falle ist ein harmonischer Vorgang zu verzeichnen. Die gleichen chemischen Substanzen dagegen in
Verbindung gebracht mit chemisch feindlichen Stoffen, können vernichtende, zerstörende, tötende Kräfte erzeugen (was
in einem solchen Falle ein disharmonischer Vorgang ist).

Diese beiden Kräfte durchziehen das ganze Weltall und bewirken Aufbau, Leben durch Harmonie, oder Abbau, Tod durch Disharmonie.

Gute Verbindungen wirken sich harmonisch, schlechte disharmonisch aus. Das gilt auch für Farbenzusammenstellungen. Wenn wir nun aber wissen, daß Harmonie die aufbauende, wohltuende nützliche Kraft, Disharmonie aber oft als kleine Ursache großer, schlechter Wirkungen anzusehen ist, so müßte es uns doch einleuchten, daß Harmonien zu fördern, Disharmonien (in erster Linie auch bei Zusammenstellung der Farben) zu bekämpfen, dem allgemeinen Wohl der ganzen Menschheit dienlich ist.

Warum wollen die verantwortlichen Kreise von dem Wert dieser Entdeckungen nichts wissen?

Als die ersten Farbenforscher (1875—1880), Dr. med. Babbitt, Pleasanton u.a.m. ihre Beobachtungen und Erfahrungen
in der Farbenheilweise veröffentlichten, um die heilenden
Farbenkräfte in den Dienst der leidenden Menschheit zu
stellen, wurden sie von den damaligen Wissenschaftlern in
Amerika in gemeiner Weise bekämpft, öffentlich verhöhnt
und verspottet, ohne daß auch nur einer dieser Herren sich
die Mühe gegeben hätte, wenigstens eines dieser von den
Farbentherapeuten in Mengen angegebenen Experimente
nachzuprüfen. Das Buch Pleasantons nannten sie: »Die
blaue Geisteszerrüttung«.

Der indische Arzt Dr. med. Dinshah P. Ghadiali, über
dessen Wirken an anderer Stelle noch ausführlich berichtet
wird, ging jeder Sache auf den Grund und studierte als
Chemiker, Physiker und Mediziner Ursache und Wirkung
auch bei den Farben. Er spornt seine Schüler zum Nachdenken an, »daß sie nicht in dieselben Fehler verfallen, nämlich:
etwas zu leugnen und zu verdammen, weil man nicht zu-
geben will, daß man nichts davon versteht, und weil man zu
bequem ist, sich ernstlich mit Fragen zu beschäftigen, deren
Antwort man nicht in Lehrbüchern vorgedruckt findet. Es
gibt noch sehr viele Fragen, die uns beschäftigen müßten,
eben deshalb, weil sie von den ,exakten Wissenschaftlern'
nicht beantwortet werden können.«

Dinshah widmet seine Aufmerksamkeit auch den Farbenveränderungen und deren Geheimnissen. Er fragt: »Warum
ist die Tomate rot und die Gurke grün? Weshalb ist eine
unreife Tomate grün und wird rot, eine unreife grüne Ba-
nane gelb, wenn sie reift? Warum wird aus grünem Gras
weiße Milch? Zum Beispiel bei einer braunen Kuh. Weshalb
wird aber Butter gelb aus weißer Milch?« —

Solche Fragen lassen sich noch weiterführen, z. B.: Warum sind die herrlichsten Farben bei Blumen verschieden? Warum verschwinden sie nach ihrem Tode?

Weshalb sind die Farben der Nahrung, nach Magen- und Darmverarbeitung, verschwunden?

Warum sind Reizmittel, zum Beispiel Pfeffer, rot? Und weshalb wirkt rote Farbenbestrahlung auf die Sexualorgane? Warum gelbe Bestrahlung auf die Verdauungsorgane? Und warum sind die Blüten der abführenden Mittel gelb?

Warum bewirkt rote Bestrahlung Bildung von roten Blutkörperchen (Hämoglobin)? Weshalb geben die Ärzte bei Bleichsucht Eisenpulver zum Einnehmen? Wieso wird Eisen in Feuchtigkeit rostrot?

Warum wird Kupferrot in Feuchtigkeit bläulich-grün (Grünspan)?

Warum haben die Menschen und Tiere ihre Lieblingsfarben, und andere Farben empfinden sie als unangenehm?

Weshalb reagieren nicht alle Farben auf Tiere und Menschen gleich, sondern sehr verschieden?

Warum zeigen die verschiedenen Farben in der Spektralanalyse die verschiedenen Elemente an?

Wieso erkennt man durch die Farbe des Aussehens eines Menschen innere Krankheit?

So könnte man weitere Fragen stellen ohne Ende, — nur eine Frage möchte ich noch an alle diejenigen richten, welche die Bedeutung der Farben in der Heilweise abstreiten, — warum, wieso, weshalb sie das tun? Positive Arbeit wurde von solchen, die jeden Fortschritt hemmen, noch nie geleistet. Warum darf man ein vernichtendes Urteil abgeben über etwas, was man nicht angewendet, geprüft und erprobt hat? Warum Forscher, Entdecker, Erfinder bekämpfen und verhöhnen, daß ihre Forscherfreudigkeit vor der Zeit gelähmt wird und ihr Schaffensdrang versiegen muß? Wieviele dieser

Märtyrer sind in Leid und Not gestorben, während oft ihre Widersacher hinterher das Verdienst ihrer Arbeit für sich nahmen und nicht selten ihre Stirne mit dem gestohlenen Lorbeer schmückten?

Auf diesem Gebiete ist noch vieles gutzumachen.

Dr. Ghadiali erzählt von vielen Patienten, deren Krankheiten von den Ärzten für unheilbar erklärt wurden, die er aber allein mit Farbenbestrahlung geheilt hat. So erging es auch der Frau eines bekannten Arztes, für die nach ärztlichem Ermessen keine Rettung mehr bestand. In seiner Verzweiflung entschloß sich der betreffende Arzt, der seine Frau sehr liebte, Dr. Ghadiali um Hilfe zu bitten. Dr. Ghadiali nahm die Frau des Arztes in Behandlung. Es dauerte nicht lange, da war sie zum größten Erstaunen ihres Mannes wieder gesund.

Dr. Ghadiali schreibt: »Nun sollte man meinen, daß sich dieser Arzt mit großer Begeisterung für die Verwendung der Farbentherapie in seinem Krankenhause, wo er tätig war, einsetzte? Ich wollte ihm hierfür sogar kostenlos einen Farben-Bestrahlungsapparat zur Verfügung stellen. Der Arzt lehnte ab und sagte, daß er zu befürchten hätte, sein Chefarzt würde ihm kündigen, wenn er solche Neuerungen einführe, obwohl er selbst davon überzeugt sei, daß viele Leben durch Anwendung der Farbentherapie gerettet werden könnten.«

a) Versuche bei Tieren:

Es ist allbekannt, daß ein Stier oder ein Truthahn beim Anblick eines roten Tuches in große Aufregung, ja sogar in rasende Wut geraten. Auch bei anderen Tieren, bei Schwänen, Hähnen, Gänsen, Pfauen usw., kann man dies mitunter beobachten. Professor Finsen in Kopenhagen beschäftigt sich ausschließlich mit Studien der Farbeneinflüsse auf Kleintiere wie Würmer, Insekten, Frösche usw. Er hat dabei die interessantesten Beobachtungen gemacht. Erstaunlich ist bei vielen Tieren eine besondere Vorliebe für gewisse Farben und ein unglaubliches Farbengedächtnis, zum Beispiel bei Bienen. Maikäfer, die man über verschiedene Farbtafeln laufen ließ, kehrten jedesmal vor der roten Farbe mit dem Zeichen großer Unruhe um. Setzte man sie mitten auf die rote Farbtafel, strebten sie schleunigst davon, während sie auf den anderen Farbtafeln ruhig herumkrabbelten. Weitere Versuche mit Maikäfern auf Farbtafeln ergaben, daß nicht alle vor der roten Farbe zurückschreckten. Bei näherer Untersuchung stellte sich heraus, daß nur die männlichen Tiere das Rot mieden, die weiblichen jedoch ruhig blieben.

Das gleiche ruhige Verhalten der roten Farbe gegenüber wird ja auch bei Truthennen, Hühnern, Kühen usw. beobachtet. Die rote Farbe wirkt also nur auf die männlichen Tiere aufreizend, nicht auf die weiblichen.

b) Erfahrungen beim Menschen:

Durch solche Beobachtungen wird uns auch ein uralter Volksbrauch verständlich. Ein alter Volksglaube sagt nämlich, daß rote Bändchen männlichen Säuglingen Krankheit und Unheil brächten. Deshalb ist es üblich geworden, kleine

Jungen mit blauen, kleine Mädchen mit rosaroten Bändchen zu schmücken. Die Beweggründe zu derartigen Volkssitten sind uns meistens nicht bekannt. Solchen Bräuchen lag aber entweder ein uraltes, uns leider verlorengegangenes Wissen zugrunde, oder ein instinktives Handeln der Volksseele, die damals noch inniger als heute mit den wunderbaren, uns vielfach geheimen Naturkräften in Verbindung stand.

Farbenfachleute, darunter auch viele Ärzte, haben Versuche mit Farben in Krankenhäusern gemacht und sich von dem gesundheitlichen Werte richtiger Farbenzusammenstellungen überzeugt. Sie stellten zunächst fest, daß die Kranken und Erholungsbedürftigten oft einen förmlichen Hunger nach bestimmten Farben haben. Je nach der Art der Krankheit und nach dem Temperament des Patienten werden besondere Farben bevorzugt, aber nie sind es dunkle, graue und braune Töne, sondern immer reine, schöne Farben, die gefordert werden. Die vom Typhus Genesenen zum Beispiel verlangten meist nach hellem Frühlingsgrün. Sie scheinen in dieser Farbe neue Kräfte aufzubauen und sich besonders wohl zu fühlen.

Schwächlichen leidenden Kindern ist die ganze Skala der Frühlingsfarben dienlich. Bei Rachitis erholen sie sich schnell in derart gehaltenen Räumen bei gleichzeitiger Zufuhr dunkelsten Violetts unter entsprechenden Glasscheiben im Sonnenbad, wie Farbenforscher Ewald Paul berichtet. Auch die unsichtbaren Strahlen des Ultraviolett in der Quarzlampe wirken Wunder auf sie. Es scheint, daß in dieser Farbe der Stoff, die Energie oder die Kraft liegt, die ihrem Körper fehlte.

Ganz verblüffend sind die Beobachtungen der Farbwirkung in Krankenhäusern, die ein österreichischer Fachmann, Ing. F. E. Schillinger, einreichte. Schon als Soldat hatte er sehr wichtige Feststellungen gemacht. Er schrieb wörtlich:

»Ich mußte einrücken und kam 1918, an schwerer Grippe erkrankt, ins Rainerspital nach Wien. Unser Zimmer, das gegen Südwesten rosa gemalt war, weiße Betten usw. hatte, war von 11 Kranken belegt, davon starben drei. Anläßlich der Desinfektion des Zimmers wurden wir zu 9 in ein Zimmer einquartiert, in dem bald 6 starben. Dieses ebenfalls gegen Südwesten gelegene Zimmer war in bläulichem Grau ausgemalt. Das Wetter war allerdings auch sehr schlecht und wir fühlten uns sehr niedergedrückt.

Wir kamen nun wieder in ein anderes Zimmer; das Regenwetter dauerte fort, die Lage war gegen Süden und Südwesten. Aber die Wände waren in sogenanntem ›satten Gelb‹ gehalten, die Deckenstreifen waren orange, die Decke selbst sehr hellblau. Heute noch erinnere ich mich gerne an die in diesem Zimmer verlebten Stunden, denn wir lachten und witzelten hier von früh bis abends. Von unserer Belegschaft von sieben Mann starb keiner. In diesem Zimmer bekamen wir erst alle jenes symptomatische ›Nasenbluten‹, das die sogenannte Heilkrise dieser Krankheiten einzuleiten scheint.

Ich besitze heute noch Zeichnungen jener Zimmer, aus Langeweile angefertigt, in Bleistift mit eingetragenen F a r -b e n n o t e n. Ich betone dies, damit Sie nicht glauben, Ihre Ausführungen hätten mich zu zustimmenden Erklärungen suggeriert.«

Ingenieur Schillinger schreibt weiter: »Betreffs der Beobachtung, daß Violett Nervenkranken diene, bemerke ich noch: Als ich 1917 verwundet wurde, nachdem ich kurz zuvor Lawinensturz und Nervenschock erlitten hatte, war ich ziemlich nervös geworden. Damals war es, als ich in meinen Frontskizzen kramte, daß mich eine Erinnerung, ›Nachtstimmung vom Karst‹, besonders anzog, so daß ich mir ein Farbenbildchen zurechtkleckste. Es war in folgenden Farben komponiert: Blau, gelb für die Lichter, dunkelrot. So nervös ich auch war, bei dieser Beschäftigung konnte ich eine unglaubliche Geduld zeigen. Der Nutzen war eben gegenseitig. Da ich gerne in Kolorit (schönen Farben) arbeitete, finde ich jetzt die Erklärung für manches mir bis heute unverständlich Gewesene. Ein Bildchen zum Beispiel in goldenem Farbtone geht mir doppelt so schnell von der Hand wie eines in Grau.«

Solche Beispiele und Berichte wie dieser von Herrn Ingenieur Schillinger könnten noch viele vorgelegt werden. Sie beweisen alle den großen Einfluß schöner, reiner Farben auf Gemüt, Geist und Gesundheit. Sie beweisen vor allem die wohltuende Wirkung einer harmonischen Farbenzusammenstellung, die naturgesetzlich begründet ist. Meine wissenschaftlichen Forschungen haben ergeben, daß die mitschwingende Harmoniefarbe von Blau das Gelb ist, von Orange dagegen Blau. In Fachkreisen wird die mitschwingende Farbe als »Farbe im Nachbild« bezeichnet.

Die mitschwingende Farbe läßt sich durch viele Experimente, auch in physikalischer Art feststellen, ebenso wie das Naturphänomen des mitschwingenden Tones. Solche Experimente geben uns aber noch über vieles mehr Aufschluß. Teilt man nämlich eine prismatische Farbenskala, die auch als Regenbogenskala bezeichnet werden kann, in 12 gleichabständige Stufen ein, in gleicher Art wie eine 12stufige sogenannte chromatische Tonskala, so kommt auf die mit dem Quintintervall bezeichnete Stelle nicht nur der mitschwingende Ton, sondern auch die mitschwingende Farbe zu liegen, von Blau Gelb, von Orange Blau. Trotzdem gibt es noch Leute, die dieses übereinstimmende Naturgesetz »Zufall« nennen. Diese Denkfaulen sind nie zu überzeugen. Solche Ansichten sind aber leider oft ein großes Hemmnis für den Dienst am Volkswohl. Aufklärung über die Naturgesetze der Farben geben die Prisma-Experimente Goethes, beschrieben in »Goethes Farbenforschungen als Fundament und Wegweiser zu Eberhards neuer Farbenlehre«.

c) Besondere Erprobung in Gefängnissen:

Die Münchener Gesellschaft für Licht- und Farbenforschung unter ihrem Leiter, Professor Ewald Paul, hatte sich seit dem ersten Weltkrieg bemüht, auch Gefängnisinsassen die günstigen Farbenwirkungen zukommen zu lassen. Sie ging von der Überlegung aus, daß gerade diese es nötig hätten, durch Farbenkräfte aufgerichtet zu werden.

Durch zahlreiche Versuche an vielerlei Kranken, namentlich auch Gemütskranken, war Ewald Paul zu der Erkenntnis gelangt, daß durch das große Heil- und Stärkungsvermögen der Farben auch die mehr oder minder gemütskranken Gefangenen ermutigt, neu belebt, ja sogar veredelt werden können, denn edle Farben wirken veredelnd auf das Gemüt.

Ein auf längere Zeit Verurteilter berichtet aus der Strafanstalt interessante Erlebnisse über Farbenwirkung auf seinen seelischen Zustand: »Wenn man die Arbeit des Tütenklebens verrichtet, so ist dies eine rein mechanische Tätigkeit, welche, von den Händen getan, den Geist nicht beschäftigt und auch körperlich keine Anstrengung verlangt. Ein Mensch, dem es ein Bedürfnis ist, zu denken, nachzudenken über Vergangenheit und Zukunft, wird finden, daß so manche Erinnerungen und Gedankenbilder sich bei denselben Farben des öfteren wiederholen. Diese Beobachtung habe ich schon seit längerer Zeit gemacht. Bei mir machte sich dies am deutlichsten bei grellen Farben bemerkbar, zum Beispiel bei starkem Blau, Rot, Grün.

Ich bekam eine Arbeit in schönem Blau. Mein erster schneller Gedanke war: oh, diese herrliche Farbe, ein blauer Himmel an einem strahlenden Lenztage, wie Maienzeit, — Singen und Lachen, — wie Jubel zweier Herzen, die sich lieben, wie junge, glückstrahlende Liebe! Dunkelblaue Augen tauchen vor mir auf, die ich verlor, verscherzte.

Meine blauen Papiertüten sind fertig. Ich sitze im Nachdenken verloren. Eine Wolke schiebt sich vor mein Empfinden. Was ist alles geschehen in der Zwischenzeit? In meinem Lebensschicksal trat ein Wechsel ein. Mein Schifflein scheiterte im Strom der Zeit und mahnend ragt das Wrack zur Warnung empor.

Reue überkam mich, Reue über alles, was ich mir verscherzte, den blauen Himmel, die blauen Augen!

Ich erhielt neue Arbeit. Grün war die Farbe, dunkles Grün, Laubgrün. Meine Gedanken waren aber nicht, wie zu erwarten gewesen wäre, bei unserem deutschen Eichenwalde, wenn er seinen Blätterschmuck zeigt. Die Gemütserregung, die dieses Grün in mir hervorrief, hatte andere Hintergründe. Ich verspürte einen jähen Ruck, nur einen Augenblick dauerte er. Ich sah längliche, mit grünem Billardtuch überzogene Spieltische, wie man sie in den eigens dafür eingerichteten Spielklubs hatte. Aus der Tiefe meiner Seele tauchte ein leidenschaftliches Bild aus verflossenen Tagen auf. Beim Erblicken dieser Farbe kehrten die Nächte in meine Erinnerung zurück, die mich zum leidenschaftlichen Spieler machten. Damals war das Spiel für mich ein Nervenkitzel, den ich immer höher und höher schraubte.

Eine Weile zwang ich mich, gedankenlos auf das Grün zu starren. Ich versuchte, den Gedanken eine andere Richtung zu geben. Umsonst! Die Farbe Grün ist zu deutlich mit der Spielleidenschaft verknüpft, meine Augen haben sie in vielen Nächten geschaut. Und plötzlich entrollt sich mir noch ein anderes Bild. Ich erinnere mich noch an eine andere Lasterhöhle mit schweren grünseidenen Behängen, grün durchwirkten Teppichen, an eine blühende, rothaarige Halbweltdame in grünseidener Halbtoilette, grüne Sektflaschen vervollständigen das Bild. — Das dunkle Grün wirkt schwül, erregend auf mich. Ich kann nicht loskommen von diesen Bildern und zwinge mich, an grüne Rasenflächen, an gelbliches Frühlingsgrün, zu denken. Ich ziehe Vergleiche zwischen dem unendlichen Zauber der herrlichen Blumenfarben und dem Grün; das erweckt angenehme Erinnerungen.

Bei Arbeiten mit roter Farbe drangen wild aufflammende, leidenschaftliche Regungen mit Ungestüm auf mich ein. Lieber war mir orangefarbiges Papier, das auch häufig verabreicht wurde. Bei dieser Farbe dachte ich viel an geschäftliche Dinge der Vergangenheit und ich machte Zukunftspläne. Die orange Farbe stärkte bei all diesem meine Sehnsucht nach Freiheit, zuweilen machte sie mich ungeduldig, was aber in stille Ergebenheit ausklang, wenn ich wieder Arbeit in Blau hatte.

Oft hatte ich graues Papier zu verarbeiten. Diese Farbe zwang mich, an das Alltägliche, oft mit sich in Zwiespalt geratende Leute zu denken. Ich selbst war mir im unklaren. Ich zweifelte. Bald deutete ich so, bald dachte ich so, bald warf ich alles um, baute anders auf, bis ich des ewigen Wendens müde die Sache beiseite legte und auf bessere Stimmung durch schönere Farben wartete. Ganz besonders liebte ich die Wirkung der Farben des schön angelegten Stiefmütterchen-Dreiecks im Hof der Anstalt und der übrigen Blumen und Pflanzen, die wir zu sehen bekamen.« —

Diese Berichte aus einer deutschen Gefangenenanstalt zeigen, wie die Farbenkräfte auf das Seelenleben der unglücklichen Sträflinge einwirken können. Schöne, reine Farben sprechen zu ihnen, trösten sie, rütteln sie auf, geben ihnen neuen Mut, neue Hoffnung, lassen sie getane Fehler bereuen und gute Vorsätze fassen. Häßliche, düstere und graue Farben dagegen wirken deprimierend auf sie, ihre Lage erscheint ihnen trostlos und erdrückend, ihre Einsamkeit unerträglich.

Dies bestätigte auch Professor Kemp in Amerika. Er wies ebenfalls auf die Notwendigkeit der Farbentherapie und Farbenhygiene und Farbenpflege in Gefängnissen hin. Auch er hat die schädliche Wirkung der grauen und meist eintönig getünchten Mauern auf das Seelenleben der Häftlinge erkannt.

Aus der sächsischen Landesstrafanstalt Hoheneck wurde gleichfalls über Ergebnisse berichtet, die durch Farbenwirkung erzielt wurden. Mit feinem Verständnis und gutem Willen hatte sich der Leiter der Anstalt, Herr Direktor Grohmann, für Versuche auf diesem Gebiet eingesetzt. Er schrieb, daß er mit beruhigenden Farben in den Zellen bei den Gefangenen gute Erfolge erzielte. Er ließ mir auch die Erfahrungen der Gefangenen, ihre Ansichten und weiteren Wünsche in lehrreichen Berichten zugehen. Einer seiner Mitarbeiter, Herr Dr. jur. Viehweger, welcher ebenfalls großes Interesse für die Licht- und Farbenforschung hatte, erklärte sich bereit, das von den Sträflingen diesbezüglich Erkundete den Fachleuten zu unterbreiten.

Von einem Maler und Lackierer, der wiederholt in Strafanstalten verweilte, wird berichtet, er habe sich in dieser Hinsicht besondere Verdienste erworben.

Er hatte das Schädliche der Eintönigkeit der Farben und besonders des Grau auf den Gemütszustand der Eingeschlossenen erkannt, machte entsprechende Versuche und legte darüber aufschlußreiche Beobachtungen vor: »Die mit Grau gekalkten Zellen bedrückten mein Gemüt sehr, sie machten auch auf die anderen Leidensgenossen einen finsteren Eindruck. Wenn die Zellen heller wären, wäre es besser für alle Gefangenen, vor allem für Nervöse und insbesondere für solche, die viel grübeln und mit Selbstmordgedanken umgehen.

Ich wurde schließlich Hausmaler der Anstalt und durfte

hier und da erfrischende Farben einlegen. Im Sprech- und Besuchszimmer waren die Farben in dunkelbraunem Ton gehalten. Dadurch wurden die Eingekerkerten befangen, sie wagten nicht, frei ihre Bittgesuche und dergleichen vorzutragen. — Viele Farben sind uns schädlich, die wenigsten wissen das. Ich habe in unserer Abteilung diese Beobachtungen gemacht und die Abneigung vieler gegen gewisse Farben festgestellt. Hauptsächlich sind es dunkle, braune und graue Farben, auch Dunkelgrün, Dunkelblau, Schwarz und Violett, die die Gefangenen bedrücken, mißmutig und melancholisch stimmen. Mehrere Farben wirken auf verschiedene Gefangene ganz verschiedenartig. Einige Farben machen sie schwermütig, traurig, launenhaft, reizbar und verursachen Kopfschmerzen wie Giftgrün, Dunkelrot, Hellrot, Meergrün usw. Unter den ungünstig auf sie wirkenden Farben werden die einen unzufrieden, die anderen grüblerisch, die dritten streitsüchtig usw. Bisher ahnte man nicht, daß die üble Stimmung von den Farben herkommen kann.

Damals haben wir aber auch ausprobiert, daß heitere und lichte Farben, Himmelblau, ein schönes Frühlingsgrün, Gelb, Orange, auch mitunter Weinrot, Rosa usw., auf alle Menschen, draußen in Freiheit und noch mehr auf uns Gefangene, wohltuend und erheiternd wirken. Die richtige Farbe zu treffen, ist vor allen anderen Dingen von größter Wichtigkeit. Ich durfte damals meine Erfahrungen sammeln und nach diesen die Zellen anstreichen. Wenn ich schönes frisches, gelbliches Frühlingsgrün nahm und auf den Sockel eine kleine kräftige grüne Borte setzte, wirkte die Farbe auf alle nervösen Menschen, besonders auf die Gefangenen, die leicht reizbar waren, beruhigend, erheiternd. Von einigen wurden andere lichte Farben dem Grün vorgezogen.«

Daß auch Geisteskranke aus der richtigen Farbenverteilung in ihren Räumen großen Nutzen ziehen können, wurde

in vielen Versuchen nachgewiesen. Leider werden in Deutschland Leute, die auf ihren Geisteszustand hin untersucht werden, noch immer in graue oder Dunkelzellen gebracht. Auch
hier müßte im Sinne des Volkswohls noch manche Verbesserung durch richtige Farbenwahl und Farbenwechsel erzielt
werden.

WIRKUNGEN DES FARBLICHTES AUF DIE
FUNKTIONEN DES MENSCHLICHEN KÖRPERS

Nach Professor Dr. H. Wohlbold sind wir überall, wo wir uns auch befinden mögen, von Strahlungen aller Art umgeben. Die Sonne sendet außer den sichtbaren Lichtstrahlen fast alle der Physik bekannten Strahlenarten aus. Kosmische Strahlungen kommen aus Weltraumweiten, vielleicht aus der Milchstraße; von der Erdoberfläche gehen die bei dem Zerfall radioaktiver Mineralien und Gesteine entstehenden Strahlungen in die Höhe. Dazu kommen noch alle technisch erzeugten Strahlen.

Wir werden also von einem Meer von Strahlen umflutet, die zum Teil in unseren Körper eindringen und die dadurch unser Wohlbefinden beeinflussen können.

Über die Wirkungen der Strahlungen des Farblichts gibt der Farbenarzt Dr. Sonntag folgendes bekannt:

1. Es stillt die Schmerzen in manchen Fällen so schnell wie eine Morphium-Injektion, ohne die schlimmen Folgen des Narkotikums, außer wenn der Schmerz die Folge einer direkten Dislokation ist.

2. Es veranlaßt die Organe, ihre natürlichen Funktionen normal auszuführen.

3. Es vermehrt die Oxydation.

4. Es hat eine wertvolle ernährende Wirkung auf die Zellengewebe.

5. Es vermehrt die Quantität und die Qualität der roten Blutkörper.

6. Es fördert die Entwicklung (Metabelismus) der Gewebe.

7. Es bringt Leuthoithosis hervor.

8. Es fördert die Absorption, es regt die Ausscheidung der Abfallstoffe an.

9. Es regelt die Zirkulation.

10. Es weitet die kleinen Blutgefäße und Kapillarien und dehnt die Muskelgewebe aus, wodurch die freie Zirkulation wieder hergestellt wird.

11. Es lindert (beschwichtigt) s o f o r t Entzündungen, Kongestionen und die infolge einer Entzündung entstandene Stasis.

12. Die Strahlen dringen mit mächtiger Wirkung tief in die Gewebe und Organe.

13. Es hat eine bakterientötende Wirkung.

14. Es zerstört Eiterkeime in oberflächlichen eitrigen Prozessen (suppurativ), beschleunigt die Granulation der Heilprozesse.

15. Es ist indiziert bei Krankheiten aus Keimen, Hautkrankheiten, nervösen Erscheinungen, ferner bei Entzündungen, Kongestionen und Unterernährung.

16. Es ist das Gegenstück von den X-Strahlen, da es aufbauend und nicht zerstörend auf die normalen Zellengewebe wirkt.

17. Es heilt X-Strahlen-Dermatis, es erweist sich als eine wertvolle Beihilfe zu anderen Methoden.

18. Es wird vollständige Kuren bewirken, wenn es genügend oft benutzt wird, um das Gewonnene zu erhalten.

Einer der verdienstvollsten Vorkämpfer für Farbenheiltherapie war auch Dr. med. Georg von Langsdorff; er ist
leider schon vor mehreren Jahren gestorben. Seine Erfolge
mit Farbenbehandlung grenzten ans Wunderbare. Ihm haben wir die Entdeckung zu verdanken, daß Rotlicht die Ausdehnung der Gefäße bewirkt und dadurch kräftige Durchblutung erzeugt. Blaulicht führt dagegen Verengung der Gefäße herbei und verursacht Blutleere, wodurch die Haut unempfindlich gemacht werden kann. Aus diesem Grunde machen sich die Zahnärzte in neuerer Zeit auch die Blaulichtbestrahlung bei kurzen operativen Eingriffen und zur Verhinderung von Zahnschmerzen zunutze.

Im vorigen Jahrhundert lebte auf Sizilien in Weltabge-
schiedenheit Dr. Sciascia, der ebenfalls die Wirkung der
Farbstrahlen erforschte. Seine Kuren, die er an der armen
Bevölkerung seiner Heimat vornahm, wurden als Wunder-
heilungen angesehen. Die Hirten und Bauern erzählten be-
geistert von den ständigen Erfolgen dieses »Wunderarztes«.
Nur die Wissenschaftler zeigten kein Interesse an seinen
Forschungen.

Dr. Sciascia benutzte einen Farblichtapparat, genannt
Photokanter. Diesen probierte er zunächst an seiner eigenen
Person aus. Wie berichtet wird, soll er mit diesem Apparat
Verjüngungskuren ausgeführt haben. Augenzeugen behaup-
teten, daß Dr. Sciascia durch diese Anwendung mit siebzig
Jahren wie ein Dreißigjähriger ausgesehen habe, im Besitz
jugendlicher Kräfte und Ausdauer war und ein jugendliches
Gesicht ohne Runzeln besaß.

Ein anderer Italiener namens Morchini machte gleichfalls
wichtige Entdeckungen auf dem Gebiet der Farbenforschung.
Er beobachtete, daß Stahlnadeln, die er ein bis zwei Stunden

halbbedeckt den grünen, blauen oder violetten Farbstrahlen aussetzte, magnetisch wurden. Es sind dies die kalten Farbenstrahlen zum Unterschiede von den warmen, roten und gelben Strahlen. Eine weitere Entdeckung von Morchini ist, daß der rote Farbenstrahl die drörößte Durchdringungsfähigkeit und Tiefenwirkung hat. Rot hat bekanntlich doppelt so lange Wellenlängen wie Violett.

Rot offenbart sich uns in der Natur als Farbe der Bewegung. Zum Beispiel beobachten wir die auf- und untergehende Sonne in Rot; auch das fließende, pulsierende Blut hat die rote Farbe. Rote Farbenstrahlen sind heilwirkend bei allen Arten Bewegungsstockungen, sind wirksam für unser Herz, Lunge, Muskeln, sind auch ebenso zu empfehlen bei Blutstockungen und als Erhitzungsmittel bei allen Erkältungserscheinungen, einschließlich Rheumatismus, Ischias, Gicht usw.

Nervöse Störungen dagegen, die unbedingt ein Beruhigungsmittel brauchen, dürfen nicht mit roter Bestrahlung behandelt werden, sondern nur mit den beruhigenden, kühlenden blauen Strahlen.

Viele Erfolge mit Rotlicht werden bei Hautkrankheiten berichtet: Scharlach, Masern, Frostschäden, Flechten wurden mit roter Bestrahlung geheilt; außerdem Kehlkopfkrankheiten, Asthma, Lähmungserscheinungen aller Art usw.

Als sehr heilkräftig haben sich die violetten und ultravioletten Strahlen bei einer Menge von Krankheiten erwiesen. Abwechselnd mit Blaulichtbestrahlung können sie günstig bei nervösen Leiden wirken. Jede Art von Schlaflosigkeit, Gereiztheit, Beunruhigungs- und Angstzustände werden am besten mit Blaulichtbestrahlung geheilt.

Das gelbe Licht beeinflußt die Ernährungsorgane günstig. Magen, Darm, Leber, Nieren, Milz, Blase können durch die gelbe (positive) Farbenenergie gewinnen und im Krankheitsfalle geheilt werden. Die gelbe Farbe hat die heißeste Strahlung, sie ist abwechselnd mit Rotlicht auch bei Lähmungen zu empfehlen.

Ohne große Unkosten kann sich jeder die Farbenheilstrahlen zunutze machen, indem er farbige Tafeln am Fenster aufhängt und so die Sonnenstrahlen auf die Körperteile, die bestrahlt werden sollen, durchleitet.

Die verschiedenfarbigen Strahlen bewirken verschiedene chemische Umwandlungen im menschlichen Körper. Auch Wasser, das einige Zeit farbiger Bestrahlung ausgesetzt ist, erfährt diese chemischen Umwandlungen. (Die Intensität der Wirkung ist natürlich von der Energie der Sonne, oder von der Wattstärke der elektrischen Birne bei künstlicher Lichtquelle, abhängig.) Sensible Personen schmecken sogar die Veränderung, die sich durch die in das Wasser geleitete farbige Energie ergeben hat. Von solchen Beobachtungen berichtete ausführlich Reichenbach, der Entdecker der Odstrahlen des Menschen. Seine Versuchspersonen konnten stets am Geschmack erkennen, mit welcher Farbe das Wasser bestrahlt worden war. Reichenbach stellte sogar fest, daß selbst die Odstrahlen, die vom Menschen beständig ausgehen, von der einen Seite rot, von der anderen blau sind, und daß man selbst die menschlichen Odstrahlen auf das Wasser übertragen kann. Reichenbachs Versuchspersonen empfanden das derart odisierte Wasser bei blauer Bestrahlung als kühl und frisch, bei roter Bestrahlung lau und nicht selten widerlich im Geschmack.

Die Erforschung der Farbenheilkraft wird noch vieles zutage fördern, wovon man heute nichts weiß. Soviel steht fest, daß wir in den Farben Naturkräfte besitzen, die, richtig angewandt, uns von den verschiedensten Leiden befreien können. Ganz hervorragende Resultate haben auch die Ärzte der Irrenanstalten und psychiatrischen Kliniken zu verzeichnen in Fällen, da man mit reiner Medizin nichts mehr ausrichten kann. Geisteskranke, die als unheilbar galten, konnten bereits nur durch Farben geheilt werden. In großen Anstalten gibt es jetzt sogenannte Blauzimmer für Tobsüchtige, Gelb- und Orangezimmer für Melancholiker und Tiefsinnige.

Die Heilkraft der Farbe ist noch nicht allgemein bekannt. Es wäre zu wünschen, daß die Regierung dafür Sorge trägt, diese wertvollen Energien dem ganzen Volke zu erschließen.

Die große Reihe der von deutschen Forschern auf dem Gebiet der Chromotherapie (Farbheilkunde) erzielten Fortschritte, über die ich bereits wiederholt zu berichten Gelegenheit hatte, wurde um eine Reihe hochinteressanter Feststellungen und Erfolge vermehrt, die auf den indischen Arzt und Forscher Dr. med. Dinshah P. Ghadiali vom Spectro-Chrome-Institut in New Jersey, zurückgehen. Sie verdienen es um so mehr, ausführlicher gewürdigt zu werden, als es einerseits noch keine deutsche Übersetzung des umfangreichen Werkes des indischen Gelehrten gibt und weil andererseits seine Feststellungen von größter Bedeutung für die Volksgesundheit sind.

Dinshah P. Ghadiali (im folgenden »D.P.G.« abgekürzt) spricht bemerkenswerterweise nie von Krankheiten, sondern von »Unordnungen in der Maschinerie des menschlichen Organismus«, und betrachtet demgemäß die Heilung als eine »Rückkehr zur Ordnung«, bei der den Farblicht-Energien eine entscheidende Ordner-Rolle zukommt. In Übereinstimmung mit anderen Farbentherapeuten kommt er dabei zu dem Ergebnis, daß dem Farblicht eine tiefergreifende Reizwirkung eigen ist als dem weißen Sonnen- und künstlichen Licht und daß die einzelnen Farben ganz verschiedene charakteristische Reizwirkungen auf den Organismus wie auf die Psyche ausüben. D.P.G. geht bei seinen Forschungen von dem ersten Farbentherapeuten, dem Amerikaner E. D. Babbitt und dessen Farbenbestrahlungs-Experimenten und -Heilungen aus. Babbitts 1878 erschienenes Werk über das Wesen von Licht und Farbe erregte damals großes Aufsehen, aber die New Yorker Ärzte verhielten sich ablehnend. Ohne selbst Versuche ausgeführt zu haben, bestritten sie, daß Licht und Farben irgendwelchen heilenden Einfluß auf den menschlichen Körper ausüben könnten. Dr. Babbitt konnte deshalb mit seiner Farbenheilmethode nicht durchdringen.

Um die gleiche Zeit experimentierte auch der Forscher Pleasanton von Philadelphia mit Farben. Er hatte besonders gute Erfolge mit blauem Farblicht bei Blumen und Früchten, worüber er ein Buch veröffentlichte. Ihn ereilte dasselbe Schicksal wie Babbitt: Ohne Nachprüfung seiner Experimente spotteten amerikanische Wissenschaftler über seine Entdeckungen und nannten sie den »blauen Wahn«.

Trotzdem sind inzwischen viele Wissenschaftler durch die Werke Babbitts und Pleasantons zu eigener Forscherarbeit angeregt worden, die in der modernen Chromotherapie ihre Krönung fand. In der Ausstellung »Strahlen und Heilkunde« in München im Jahre 1938 wurde in Extraabteilungen an lebenden Pflanzen der Einfluß der verschiedenen Farbenstrahlen gezeigt, und zwar unter blauem, rotem, grünem und gelbem Licht, und in den dort gehaltenen Vorträgen darauf hingewiesen, daß insbesondere die Blau- und Ultraviolettbestrahlung von großem Einfluß auf die Pflanzen ist.

Bevor ich nun auf die Farbheilweise von D.P.G. näher eingehe, will ich kurz vorausschicken, wie weit man in Deutschland mit den Farbforschungen gekommen ist.

Dr. Otto Härtel wies in seinem Vortrage über Licht und Pflanzen auf das Wunder der Pflanzenzelle hin und führte dabei u. a. folgendes aus: »In kleinen Kämmerchen (Zellen) eingeschlossen, eingebettet in eine zähe Flüssigkeit, das Protoplasma, den Träger allen Lebens, fallen uns bei der Pflanze runde grüne Körnchen auf. Nur wenige tausendstel Millimeter groß, verleihen sie durch ihre ungeheure Zahl der Pflanze ihre grüne Farbe (Blattgrün). An die Körnchen wird durch feine Poren der Blattoberfläche die Kohlensäure der Luft herangebracht. Auf diese Körnchen fällt das Licht der Sonne und hier spielt sich, unsichtbar dem Auge des Beobachters, jener grundlegende Vorgang der Zuckersynthese ab, dem wir letzten Endes unser Dasein verdanken. Und warum diese Körnchen grün sind? Das Licht der Sonne ist bekanntlich nicht einheitlich, es ist aus sieben Regenbogenfarben zusammengesetzt. Von diesen sieben Farben ist es das rote Licht, das die meiste Energie von der Sonne mitbringt. Die Pflanze fährt also am besten, wenn sie diese roten Strahlen möglichst ausnützt. So wie ein rotes und ein grünes Glas übereinandergelegt fast kein Licht durchlassen, so verschlukken grüne Farbstoffkörperchen das rote Licht am besten. Denn nur das Licht kann irgendeine Wirkung in der Pflanze ausüben, das von ihr aufgenommen wird, ähnlich wie eine Fensterscheibe, die auch bei starker Sonne relativ kühl bleibt, weil sie fast alles Licht durchläßt, im Gegensatz zu einer dunklen Metallplatte, die sich sehr stark erhitzt. Selbstverständlich sind auch die anderen Strahlen, vor allem die blauen, nicht unwirksam.«

Wenn Pflanzen in einem Licht gedeihen, in dem andere Strahlen vorherrschen, so nehmen auch die Farbstoffkörperchen eine andere Farbe an: in der blaugrünen Tiefe des Meeres sind diese Farbkörperchen zum Beispiel rot, weil gerade — umgekehrt wie im Fall der grünen Pflanze — rote Gewebe das grüne Licht besonders gut ausnützen können (Rotalgen).

Aber mit der Stoffproduktion der Pflanzen ist die Rolle des Lichtes noch lange nicht erschöpft. Auch das »Wie« des Aufbaues, die Verwertung der Stoffe, wird durch das Licht bestimmt, mit anderen Worten, das Licht nimmt ebenso Einfluß auf das Wachstum wie auf die Gestalt der Pflanzen. Jeder kennt die Triebe der Kartoffelknollen, die langgestreckt und farblos dem Kellerfenster zuwachsen. Zwei Erscheinungen können wir dabei mit einem Schlag beobachten: Fehlendes, beziehungsweise zu schwaches Licht läßt Pflanzen lang auswachsen. Zugleich bestimmt das Licht die Richtung des Wachstums! Es mag vielleicht auf den ersten Blick paradox erscheinen, daß Lichtmangel das Wachstum beschleunigt, das Licht umgekehrt hemmend auf das Wachstum wirkt, daß aber trotzdem die Pflanzen dem Lichte zuwachsen.

Denken wir uns aber einmal einen Keimling in einer dunklen Spalte: Er muß trachten, möglichst rasch aus der Dunkelheit herauszukommen und strebt daher mit aller Kraft ans Licht, um dort seine ersten Blätter zu entfalten. Ganz ähnlich verhält sich ein Sproß, der seitlich beleuchtet wird. Er wächst an seiner Schattenflanke infolge des dort geringeren Lichtes rascher als an der beleuchteten Seite. Er wird sich daher gegen die Lichtquelle hin krümmen und kann auf diese Weise seine Blätter senkrecht zum einfallenden Licht stellen, um möglichst viel Lichtstrahlen aufzufangen und möglichst viel Kohlensäure aufzunehmen. Die meisten Blattpflanzen stellen, wie man sie auch drehen mag, ihre Blätter zum Lichte hin.

Es ist nun interessant, zu wissen, daß nicht die gleichen Strahlen, die für den Zucker- und Stärkeaufbau maßgebend sind, also die roten, auch das Wachstum und die Krümmungen regulieren. Dies sind vornehmlich die kurzwelligen, die blauen Strahlen, die die photographischen Schichten am stärksten schwärzen, die also die stärksten photochemischen Wirkungen hervorbringen. Lassen wir Pflanzen im roten Licht heranwachsen, so unterscheiden sie sich in ihrer Gestalt kaum von solchen, die gänzlich im Dunkeln kultiviert wurden. Blaues Licht dagegen läßt die Pflanzen sich zu ihrer normalen Gestalt entwickeln. Wenn wir nun unser Experiment fortgesetzt denken und die Lichtstärke, die auf die Pflanzen einwirkt, insbesondere das Blaulicht, über das normale Maß erhöhen, müßten wir eigentlich Formen erwarten, die noch kleiner und gedrungener sind als die der normalen

Pflanzen. Daß dies auch tatsächlich der Fall ist, zeigt ein Ausflug ins Gebirge. Der Sonnenbrand, den wir unter Umständen heimbringen, lehrt uns eindringlich, daß die Blau- und Ultraviolettbestrahlung in höheren Lagen sehr intensiv ist. Wenn wir uns nun die Pflanzen des Hochgebirges ansehen, so fällt uns an vielen von ihnen Kleinblättrigkeit, niedriger, rasenförmiger Wuchs auf; oft sind sie eng zu Polstern zusammengedrängt, während in etwas tiefen, schattigen Lagen die Blätter bedeutend größer, zarter, die Pflanzen höherstenglig und im ganzen oft üppiger erscheinen. Die Blütenfarbe ist bei den Alpenpflanzen infolge der hohen blauen Lichtintensität in der Regel viel intensiver als bei den Pflanzen des Tieflandes.

Pleasanton experimentierte mit Blaubestrahlung der Pflanzen, deren Form und Gestalt er auf diese Weise zu verändern verstand. Diese Forschungen sind deshalb von größter Wichtigkeit, weil durch sie bewiesen wird, daß die Erfolge der Farbheilweise nicht auf »Suggestion« zurückzuführen sind, wie bisher von manchen Medizinern angenommen wurde. Farben sind vielmehr Kräfte von größter Bedeutung für pflanzliche und tierische Organismen. In der Haut der meisten tierischen Lebewesen befinden sich besondere farbstofftragende Zellen, die »Chromatophoren«. Diese können in den Dienst des Lichtschutzes oder der Schutzfärbung, das heißt der Farbanpassung an die jeweilige Umgebung treten. Auch hormonale Reize sind dafür bekannt, daß sie die Tierfärbung zu beeinflussen imstande sind. So rufen in den Brunstzeiten die Keimdrüsenhormone bei vielen Tieren die Hochzeitsfarben hervor. Manche Tiere zeigen im Erregungszustande auffallenden Farbwechsel, der auf die Wirkung der Nebenniere zurückzuführen ist.

Neue Versuche von H. Fleischer haben gezeigt, daß sich die Farben der Tiere sozusagen am Lichte bilden. Arten, die stets in der Finsternis hausen, bleiben weiß (wie die Pflanzen). Fleischer bestrahlte Schmetterlinge und noch nicht ausgefärbte Erwachsene einer bestimmten Käferart, die, ähnlich unserem Rosenkäfer, schön grün und auch etwas rötlich glänzt. Durch die künstliche Bestrahlung, die viel länger einwirkte als das Sonnenlicht unserer Breiten, färbten sich die Tiere blau anstatt grün. Es ist bemerkenswert, daß die im Süden beheimateten Verwandten der untersuchten Käferart auch mehr blau als grün sind, und man weiß, daß auch viele andere Käfer, die bei uns grün schillern, im Süden blau glänzen.

Bei allen diesen Versuchen ist aber noch eine gewisse Einseitigkeit der Bestrahlungsmethode zu konstatieren. Durch vielseitigere Experimente lassen sich unzweifelhaft größere Erfolge erzielen, die uns wertvolle Aufschlüsse über die verschiedenartige Farbentätigkeit in den verschiedenen Organismen und deren Ursachen und Wirkungen geben dürften. Die Farbenveränderung im Tier ist kaum erforscht, und doch könnte uns die Erforschung dieses Naturvorgangs von Nutzen sein bei der Zugrundelegung einer exakten Farbenwissenschaft.

Welche Einflüsse die verschiedenen Farbtöne auf den menschlichen Organismus ausüben, zeigen u. a. die sogenannten synthetischen Farbstoffe, deren Entdeckung und Herstellung wir deutschem Erfindergeist verdanken. Die Chemie stellt diese leuchtenden Farben aus schwarzem Teerstoff her. Diese Farbstoffe vermögen derart auf die inneren Funktionen des menschlichen Körpers und seiner Zellen einzuwirken, daß sie als Helfer im Kampfe gegen Krankheit und Tod eingesetzt werden. Sie besitzen in hohem Grade die Fähigkeit, Krankheitserreger (Bakterien) abzutöten. Durch die Azo-Farbstoffe, die bei der Baumwollfärbung verwendet werden, kam man auf das Germanin, das bewährte

Heilmittel gegen die Tropen-Schlafkrankheit. Die Azo-Farbstoffe haben auch die Eigenschaft, das Blut schneller gerinnen zu lassen. Man benützt sie daher mit Erfolg bei der Behandlung von Blutungen jeder Art.

Mit Acridin-Farbstoffen heilt man tropische Ruhr. In einer weiteren Verbindung dienen sie Wundbehandlungen. Die gleiche Farbstoffgruppe liefert das Malaria-Heilmittel Atebrin, das im Gegensatz zu dem bisher angewendeten Chinin ungefährlich ist und außerdem eine stärkere Heilwirkung erzielt. Die synthetischen Farbstoffe dienen auch der Färbung und Sichtbarmachung lebender Zellen und Gewebe, zwecks Erkennung von Krankheitsvorgängen im menschlichen und tierischen Körper. Die Farbstoffe werden in die Blutbahn gespritzt und ihre Ausscheidung einer Kontrolle unterworfen. Auf diese Weise läßt sich die Arbeitstätigkeit und Fähigkeit der Organe, vor allem der Niere und der Leber, überprüfen.

Viele Farbstoffe strahlen die auf sie fallenden Lichtstrahlen zurück. Diese Rückstrahlungsfähigkeit, die sich die Medizin zunutze macht, wird in der Fachwelt »Fluoreszieren« genannt. Will man zum Beispiel eine feine Zerstörung in der Hornhaut sichtbar machen, so werden auf die Hornhaut bestimmte Lösungen geträufelt. Die gesunde Hornhaut stößt die eingeträufelten Lösungen ab, die kranken Hornhautstellen dagegen saugen die fluoreszierenden Verbindungen stark auf. Werden diese nun bestrahlt, kann man durch die Rückstrahlung die kleinsten Beschädigungen in der Hornhautoberfläche deutlich erkennen.

Dr. med. Dinshah Ghadiali geht von dem Standpunkt aus, daß der Mensch nicht eine Ansammlung einzelner Organe ist, sondern eine untrennbare Ganzheit und Einheit, daß man infolgedessen auch nicht ein Einzelnes herausgreifen kann, ohne auf das Ganze zu wirken. Das ins Uferlose gehende Überspezialistentum der Schulärzte hat solche Ausmaße angenommen, daß bei einer derartig weitgehenden Aufteilung des menschlichen Leibes der zusammenschauende Blick über das Ganze verloren gehen muß, ohne den eine wahre ärztliche Kunst undenkbar ist. Der Farbentherapeut muß sich mit den lebenskundlichen Gesetzen befassen, muß die Temperamente des Menschen und der Farben ergründet haben, muß die Erscheinungen des Lebens in ihrer leiblich-seelischen Ganzheit erfassen und in seiner Heilkunst berücksichtigen. Vor allem muß er ein tiefes Wissen von der Natur des zu behandelnden Menschen und der Farben besitzen. Außerdem muß er auch die Farbenchemie, die Farbenphysik und die Farbenheilkraft eingehend studiert haben. Mit all diesen Studien befaßte sich Dr. med. Ghadiali, der auch Doktor der Chemie und der Physik ist, in sechzigjährigem Forschereifer.

Daß Licht und Farben tiefgehende chemische Einflüsse ausüben, ist bekannt. Das Bräunen der Haut durch Sonnenstrahlen kann man täglich beobachten. Aber die physiologischen Wunder von Licht und Farbe reichen tiefer. In unermüdlicher Forscherarbeit hat Dr. Ghadiali folgende Elemente in den einzelnen Farbenstrahlen festgestellt:

im Blau = Sauerstoff und Cäsium u. a.

im Indigo = Bismut, Kobalt u. a.

im Violett = Aktinium, Strontium u. a.

im Purpurrot = Lithium u. a.

im Scharlachrot = Argon, Mangan u. a.

im Rotorange = Kadmium, Wasserstoff, Krypton, Neen u. a.

im Orange = Aluminium, Kalzium, Kupfer u. a.

im Gelb = Kohlenstoff, Magnesium, Carbon u. a.

im grünlichen Gelb = Schwefel, Eisen u. a.

im Grün = Barium Chlorium, Stickstoff, Radium u. a.

Dr. Ghadiali gibt an, durch die Farben selbst noch zwei neue Elemente entdeckt zu haben.

Fortschrittliche Farbentherapeuten wenden die Wachstumsstrahlen oder die Hemmungsstrahlen der Farben mit größtem Erfolg bei den verschiedensten Krankheiten an, zum Beispiel:

Wachstumsstrahlen durch Rot, Orange, Gelb, Gelbgrün bei Abmagerung, Absterben der Glieder, Alpdrücken, Appetitlosigkeit, Ausschlag, Bleichsucht, Bronchialkatarrh, Darmkatarrh, Epilepsie, Flechten, Gelbsucht, Gemütsleiden, Haarausfall, Hautleiden, Hexenschuß, Lähmung und Schwächung der Glieder, Leberleiden, Magenkatarrh, Masern, Rheumatismus, Scharlach, frische und eiternde Wunden u. a. m.

Hemmungsstrahlen durch Blau, Blauviolett, Blaugrün bei Abszessen, Arterienverkalkung der Herzgegend und des Gehirns, Bartflechte, Blasenkatarrh, Blinddarmreizung, Blutandrang, Eiterungen, Fettsucht, Gelenkentzündung, Gicht, Hämorrhoiden, Herzleiden, Knochenhautentzündung, Kopfschmerzen, Kropf, Nasenentzündung, Nervenentzündung, Ohrenleiden, Schnupfen, Warzen, Zahnschmerzen u. a. m.

Die Natur selbst verabreicht uns die Farben in Früchten, Wurzeln, Salaten, Gemüsen, Gewürzen.

Die Wirkungen der Farben auf die einzelnen Organe des Menschen faßte D.P.G. wie folgt zusammen:

B l a u : Lebenskraft entwickelnd, Fieber nehmend, Nerven ernährend.

V i o l e t t : Milz bildend, Lymphe anregend, Kraft spendend u. a. m.

P u r p u r r o t : Geschlechtskraft steigernd, Venen anregend u. a. m.

R o t : Rote Blutkörperchen bildend, Sinne unterstützend.

O r a n g e : Lungengewebe bildend und kräftigend, Drüsen anregend u. a. m.

G e l b : Nerven stärkend, Verdauung fördernd, Magen anregend u. a. m.

G r ü n g e l b : Knochen bildend, Bakterien tötend u. a. m.

G r ü n b l a u : Haut kräftigend usw.

Krankheitszeichen wie Fieber, Entzündungen, Schwellungen usw. zeigen durch rote Farbe an, daß zu viel Hitze vorhanden ist. Zur Herstellung des Gleichgewichts wird die kälteste Farbe blau benötigt. Dr. Ghadiali schildert im einzelnen, wie wunderbar die Anwendung der gegenpoligen Farbenkräfte wirkt. Ein besonderer Fall, den er angibt, sei hier als Beispiel erwähnt: Ein neunjähriges Mädchen, Grace Shirlow, hatte sich schwer verbrannt. Ihre Kleider fingen Feuer, sie lief brennend durch das Haus. Zu zweidrittel bis dreiviertel war die Haut verbrannt und zerstört. Es war ein Fall schwerster Verbrennung dritten Grades. Das Mädchen kam in das Frauenhospital in Philadelphia, wo die Ärztin Käthe Balduin eine eigene Farbenheilabteilung leitete. Sie sah sofort, daß diesem Kinde mit den üblichen Mitteln nicht mehr zu helfen war. Frau Dr. Balduin begann daher gleich mit Farbenbestrahlung. Schon am ersten Tage, gleich nach der Bestrahlung, hatte die Kleine keine Schmerzen mehr. Die Brandwunden heilten, ohne irgendeine Brandnarbe zu hinterlassen. In acht photographischen Aufnahmen zeigte sie die Heilprozesse. Nach eineinhalb Jahren wurde das Kind zu einem Wundarzt gebracht, der ein solches Wunder nicht glauben wollte.

Die Ärzte kennen 213 verschiedene Arten von Entzündungen. Dr. Ghadiali gibt sie alle an und sagt. »Diese Spezialkenntnisse brauchen wir nicht. Uns genügt es zu wissen, zu welcher Gruppe eine Unordnung im Körper gehört und aus welcher Farbgruppe sich uns demgemäß die Hilfe bietet.«

Diese Farbentherapie mutet zuerst seltsam an, überzeugt aber durch ihre unbestreitbaren Erfolge.

Noch ein Beispiel: Eine Person hatte gute Augen. Nach einiger Zeit wurde sie blind. Dr. Ghadiali sah die Ursache im Nachlassen der Erregbarkeit der Augennerven und der Augenmuskeln. Seine Schüler fragt er: »Auf welcher Seite ist die Unordnung?« — Antwort: »Auf der Ultragrünen.« — Frage: »Wo liegt das Heilmittel?« — Antwort: »Im Infragrün.« — »Gut, bestrahle das Gesicht mit Infragrün.« — Und das Ergebnis? Die sechzigjährige Frau in Washington, die seit mehreren Jahren die Seh- und Hörkraft verloren hatte, erhielt sie nach wenigen Farbbestrahlungen zurück.

(Diese Angaben sind der Lehre von Dr. Ghadiali entnommen. Sein Werk: Spectro-Chrome Metry by its Originator, Colonel Dinshah P. Ghadiali, printed an published by Spectro-Chrome Institut Malaga New Yersey. — Dieses Werk ist in englischer Sprache geschrieben und besteht aus drei Bänden mit je tausend Seiten. Es enthält unzählige Abbildungen mit Erklärungen und Beispielen. Zur Zeit ist es leider vergriffen.)

Alles, was die deutsche medizinische und chemische Wissenschaft in jahrhundertelanger Arbeit erforscht hat, wird von Dinshah P. Ghadiali der Theorie und Praxis seiner Farbheilweise zugrunde gelegt. Ebenso hat D.P.G. den unersetzlichen Wert der Spektralanalyse für seine Spektrum-Farbenheilwissenschaft erkannt und in langjähriger Arbeit jene einzelne Spektrumsfarbenlinie chemisch und farbentherapeutisch untersucht. Er hat sie auf die verschiedensten Krankheiten angewandt, die er, wie er in seinem Werke beschreibt, alle allein mit Farben geheilt hat, auch solche von den Ärzten als unheilbar erklärte Krankheiten, wie zum Beispiel Krebs usw. Man staunt über sein umfassendes Wissen, das er sich in langjährigen Studien angeeignet hat. Er ist nicht umsonst Doktor der Chemie, der Physik und der Medizin.

In der Übereinstimmung mit der deutschen biologischen Heilkunst geht D.P.G. von der Tatsache aus, daß der Mensch nicht eine Ansammlung einzelner Organe ist, die ohne Zusammenhang sind, sondern eine »untrennbare leib-seelisch-geistige Einheit«. Man kann nicht Einzelnes heraus-greifen, ohne auf das Ganze zu wirken. Wenn eine Unord-nung in den körperlichen Funktionen eingetreten ist, dann bekundet dies die Natur an irgendeinem Körperteil. Wird nun aber dieser allein behandelt, so ist die Krankheitsur-sache damit nicht aus dem Wege geräumt. Es dauert oft nicht lange, dann zeigt sich das Übel an einem anderen Organ. Die »Unordnungs-Ursache« muß behandelt werden, dann wird das Organ, an dem die Auswirkung ersichtlich wurde, von selbst wieder zu normalen Funktionen geführt.

Die Beseitigung der »Unordnungs-Ursache« erfolgt nach Dr. med. Ghadiali durch Anregung der natürlichen Heil-kraft des Organismus mittels verschiedener, den einzelnen Fällen angepaßter und abgestimmter Farblichtströme, zu welchem er eine 1000-Watt-Birne verwendet, deren Licht-strahl außerdem noch durch Kondensatoren verstärkt und konzentriert wird.

Eine solche Heilkunst, die immer den Blick auf das Ganze und auf die Zusammenhänge und Wechselbeziehungen ge-richtet hält, verlangt eine umfassende naturwissenschaftliche Durchbildung. Ein kranker Mensch ist nicht nur körperlich, sondern auch seelisch und geistig zu behandeln. Nun läßt sich die Farbe tatsächlich nicht nur physikalisch, chemisch und medizinisch, sondern auch auf seelisch-geistigem Gebiet als Heilanreger verwerten. Dr. med. et phil. Gerhard Venz-mer sagt diesbezüglich mit Recht: »Nicht nur gute Laune und gute Stimmung, sondern sogar Arbeitsleistung, Befinden und

Gesundheitszustand können unter Umständen durch Farben recht beachtlich beeinflußt werden.« Die neuerdings hierüber angestellten Untersuchungen können für jeden einzelnen Menschen bedeutsam sein. Zunächst möchte ich daran erinnern, daß Farben als Heilmittel in der modernen Medizin eine recht bedeutende Rolle spielen. So lassen sich manche Krankheiten mit Farbstoffen erfolgreich behandeln, zum Beispiel die Malaria mit Methylenblau, andere Krankheiten, zumal solche von ansteckender Art, mit anderen Farbstoffen.

Von dem Verfahren, den kranken Menschen mit Farbstoffen zu behandeln, zu dem Versuch, mit den Farben selbst eine Heilwirkung zu erzielen, ist nur ein Schritt. So sind in neuerer Zeit, besonders von Amerika sowie von Schweden aus, Bestrebungen aufgetaucht, durch Farbenwirkung einen Einfluß auf das Befinden des Menschen auszuüben.

Die Farbenlehre unterscheidet seit altersher »warme« und »kalte« Farben. In dieser Bezeichnungsweise kommt zum Ausdruck, daß verschiedene Farben auf unser Gemüt in ganz verschiedener Weise einwirken, wie schon Goethe es richtig erkannte und als »sinnlich-sittliche Wirkung der Farben« beschrieb. So ist es denn auch, wenn wir von geringen Ausnahmen, zum Beispiel der Behandlung von Hautkrankheiten mit blauem Linsenlicht, absehen, in erster Linie das Nervensystem, das der Beeinflussung durch verschiedene Farben zugänglich ist. Da lassen sich nun sogleich zwei wichtige grundlegende Feststellungen treffen: rote Farbe verstärkt die Erregung des menschlichen Nervensystems, blaue Farbe setzt sie herab, und dies in solchem Maße, daß die moderne operative Chirurgie sogar ernstlich bestrebt ist, eine Unempfindlichkeit gegen Schmerzen durch Einwirkung von blauem Licht zu erzielen.

Orange und Gelb wirken ähnlich wie Rot, aber schwächer, wobei der gelben Farbe noch ein aufheiternder und die

Nerven stärkender Einfluß zuzukommen scheint. Violett und Grün dagegen wirken ähnlich wie Blau. (Hier sei bemerkt, daß D.P.G. alle Farben in zwei Gruppen teilt, die eine nennt er »Infra-Grün«, die andere »Ultra-Grün«. Rot, Orange, Gelb gehören zur warmen Infra-Grün-Gruppe. Mit ihr werden Krankheiten geheilt, die durch Erkältungen entstanden sind. Zur Ultra-Grün-Gruppe gehört Grün, Blau, Violett. Mit diesen werden Krankheiten behandelt, die Entzündungen, Fieberzustände, Blutandrang etc. verursachen.)

Wir verstehen nun, warum man Rot eine »warme« Farbe, Blau eine »kalte« Farbe nennt, und begreifen auch, weshalb man Räume, die der Freude und der gehobenen Stimmung dienen, gern in »warmen roten Farben« hält, dagegen die der Ruhe dienenden gern in blauen usw.

Die Psychiatrie hat sich die unterschiedliche Wirkung der einzelnen Farben auf den Gemütszustand des Menschen bereits mit gutem Erfolg zunutze gemacht. Frauen mit schweren melancholischen Störungen und Selbstmordgedanken konnten zum Beispiel in verhältnismäßig kurzer Zeit dadurch Linderung erfahren, daß man sie in Räume brachte, die mit roten Wänden und roten Teppichen ausgestattet waren und deren Lampen überdies rotes Licht verbreiteten. Auch ein Kranker mit einer schweren Psychose, der durch die hartnäckige Verweigerung jeglicher Nahrungsaufnahme bereits in den ersten Zustand allgemeiner Körperschwäche geraten war, konnte durch eintägigen Aufenthalt im »Rotzimmer« so umgestimmt werden, daß er aus sich heraus um Nahrung bat. Umgekehrt gelang es, einen Tobsüchtigen mit schweren Erregungszuständen durch das Verbringen in einen blauen Raum zu beruhigen. Auch hier war die Wirkung so prompt, daß sich die Wendung im Benehmen des Kranken bereits nach einer Stunde bemerkbar zu machen begann.

Selbstverständlich lag es nahe, den deutlichen Einfluß der Farben auf das menschliche Gemüt nicht nur in der Psychiatrie, sondern ganz allgemein bei der Krankenbehandlung überhaupt auszunutzen. Man geht daher in neuerer Zeit dazu über, die gar zu eintönig ausgestatteten Zimmer, Säle und Korridore der Krankenhäuser durch freundliche, dem Auge wohltuende Farben zu beleben.

Indessen sollte man diese Erfahrungen nicht auf die Krankenbehandlung und das Krankenhaus beschränken. Wenn es feststeht, daß Farben in geeigneter Auswahl auf unser Nervensystem einen günstigen Einfluß, ja geradezu eine Heilwirkung ausüben, so sollte man auch für das alltägliche Leben eine Lehre daraus ziehen.

Interessant sind Experimente, die zeigen, daß Rot die Menschen anzieht, Blau dagegen abstößt. Man stellte Menschen mit verbundenen Augen in eine Dunkelkammer. Dann schickte man seitlich auf den Hals oder die Wange ein Lichtbüdel. Der Mensch blieb bewegungslos. Nun wurde plötzlich ein rotes Glas vor das Licht geschoben; der Mensch bewegte jetzt, ohne es zu wissen, seine beiden Arme der Lichtquelle zu. Schaltet man statt des roten ein blaues Licht ein, wandern die Arme von der Lichtquelle fort.

Vom Institut für Tierforschung wurde mir berichtet, daß manche Raubtiere, besonders Tiger, einen sonderbaren Widerwillen gegen die himmelblaue Farbe haben. Zahlreiche Versuche erwiesen, daß nichts den Tiger zu bewegen vermag, einen Stall anzufallen, dessen Außenwände oder dessen Einfriedung himmelblau gestrichen sind. Die innerhalb solcher Gehege gehaltenen Haustiere sollen vor jedem Angriff der Raubtiere sicher sein.

Daß Blau auch abstoßend auf verschiedene Insekten, besonders auf Fliegen, wirkt, habe ich in meinen früheren Schriften bereits erwähnt. Bei Versuchen mit Wasserflöhen und einer Art von Blaualgen konnte man das ebenfalls beobachten.

Daß man durch richtige Anwendung der Farbe auch Materialschäden verhüten kann, beweisen folgende Feststellungen: Auf den Außenwänden der Schiffe setzten sich häufig Algen und besonders sogenannte Seepocken fest, die die Schiffswand in eine rauhe Wiese verwandeln und so den Reibungswiderstand des fahrenden Schiffes erhöhen. Durch solchen Schiffsbewuchs kann die Geschwindigkeit des Schiffes gelegentlich bis auf die Hälfte herabgesetzt werden, beziehungsweise müssen die Kohlenmengen zur Energieerzeugung vervielfacht werden, um dieselbe Geschwindigkeit aus den Schiffsmaschinen herauszuholen. Diese nutzen natürlich unter der Mehrbelastung stärker ab. Außerdem zerfrißt der Schiffsbewuchs den Schiffsstahl, so daß die Schiffe von Zeit zu Zeit ins Trockendock müssen, um von diesen Seepocken befreit zu werden. Durch diese Schädlinge erleidet die Schiffahrt der Vereinigten Staaten, für die diesbezüglich genaue Berechnungen vorliegen, einen Ausfall von jährlich hundert Millionen Dollar. Längst versuchte man, diesen gefährlichen Seepocken beizukommen. In ihrer Jugend schwimmen sie als Larven frei im Meer und setzen sich erst später auf dem Schiffsrumpf fest. Mit giftigen Anstrichen hatte man keinen Erfolg, da sich die Seepocken dagegen durch Kalkausscheidungen abkapseln können. Laboratoriumsexperimente mit Seepockenlarven haben nun ergeben, daß sie sich nicht auf Flächen setzen, die einen ganz bestimmten grünen Anstrich haben. Dadurch, daß man jetzt die Schiffe mit dieser für Seepockenlarven unerträglichen Farbe streicht, kann man diese Schädlinge des Schiffsrumpfes fernhalten.

Auch die Menschen haben, während sie gewisse Farben nicht leiden können, ihre Lieblingsfarben, das ist eine bekannte Tatsache. Wenn man aber die Menschen fragt, warum sie gerade diese oder jene Farbe bevorzugen, vermögen sie gewöhnlich keinen triftigen Grund anzugeben. Die moderne Psychologie sucht jetzt auch diese Zusammenhänge zwischen Menschen und Farberscheinungen zu erforschen. Ich habe schon viel früher in meiner Arbeit, »Farben im Kosmos«, klargelegt, daß es in der Welt wie im Menschen einheitliche Charakter- und Farbenwirkungen gibt. Den vier Haupttemperamenten, nämlich dem sanguinischen, dem cholerischen, dem melancholischen und dem phlegmatischen, sind bestimmte Farben zugeordnet, und zwar dem sanguinischen Charakter die Farbe gelb, die froh und heiter stimmt und freudig erregt macht; dem cholerischen Charakter die Farbe rot, sie wirkt aufreizend, tätig und kampfesmutig, macht leicht begeistert und schnell entschlossen; dem melancholischen Charakter die Farbe blau; sie stimmt ernst, nachdenklich, wirkt beruhigend und macht gläubig; dem phlegmatischen Charakter die Farbe dunkelgrün, sie wirkt besänftigend, macht bequem und langsam und wirkt erholungsfördernd.

Die neuere psychologische Forschung bemüht sich, das Geheimnis der Lieblingsfarben zu lösen. Sie ist der Ansicht, daß es sich dabei um Reizerscheinungen des Nervensystems handelt. Jede Farbe übt einen anderen Reiz auf den Menschen aus. Je nach der Veranlagung des betreffenden Menschen wird dieser Reiz angenehm oder unangenehm empfunden. Eine weitere Folge dieser Reizwirkungen ist, daß der Mensch sich zu einer bestimmten Farbe hingezogen und von anderen abgestoßen fühlt, ebenso wie ihm der eine Mensch sympathisch, der andere unsympathisch ist. Man hat auf Grund weiterer Beobachtungen gefunden, daß Menschen, die ein und dieselbe Farbe bevorzugen, eine auffallende Verwandtschaft der Charaktere zeigen.

Der verdienstvolle Vorkämpfer der Licht- und Farbentherapie, Professor Ewald Paul, stellt der spezifischen Therapie, bei der man Gifte und Krankheitserreger im Körper durch dafür besonders geschaffene Heilmittel unschädlich zu machen suchte, die unspezifische, nicht bei jedem besonderen Fall mit einem besonderen Mittel anzuwendende Therapie gegenüber, die auf eine Aktivierung der Zellen, ihre Anspornung zu reger Arbeit hinausläuft, und betont mit Recht, daß hier gerade die Farben ganz hervorragende Hilfe leisten. Sie machen die Zelle regsamer und lassen sie auf verschiedene Reize reagieren. Man bringt der Zelle mit der richtigen Farbe auch den richtigen Lebensimpuls bei.

Wir dürfen diese neue Therapie als eine solche begrüßen, die ein mildes und doch nachdrückliches Mittel zum Anreiz der Zelle darstellt, das auch dem empfindlichsten Organismus zugemutet werden kann und die Zelle durch überaus feine, aber in ihrer Millionenzahl dennoch wirksame Schwingungen zu kräftigster Abwehr der Krankheitsstoffe veranlaßt. Wir müssen aber das Reizmittel individualisieren, es den Verhältnissen anpassen, dann werden wir noch weit größere Wunder erleben, als sie uns jetzt schon bei der Benutzung dieser noch immer so geheimnisvollen Kräfte vor Augen treten.

Wir sahen Erfolge bei Skrophulose und Tuberkulose durch diese feinen zugeleiteten Kraftströme, die den Stoffwechsel verlebendigen und geheime Lebenskräfte in den leidenden Organismus tragen. Wenn man daneben noch den Vitaminen ihr Recht gibt, lassen sich Kuren vollbringen, die ans Wunderbare grenzen. Leichte Kost, Gemüse, frisches Obst und dergleichen fördern die Wirkung. Übermäßiger Fleisch-, Alkohol- und Nikotingenuß behindern die Strömungen und die Wirkungen der Farbenheilkräfte.

Viele Ärzte rühmen die schmerzstillende Wirkung der Blaubestrahlung und erklären, daß sie überreizte Nerven beruhige. Die Blutfülle von Haut und Gewebe wird durch Rotbestrahlung vermehrt und so der Stoffwechsel angeregt. Durch ihre Wärmeentwicklung dient die rote Farbe auch der Bekämpfung rheumatischer Allgemeinbeschwerden, Katarrhen mannigfacher Art, Ischias, Zirkulationsstörungen usw. Krankhaft gesteigerter Blutdruck wiederum wird mit Blaubestrahlung normalisiert, die das Blut der inneren Organe in die Hauptgefäße ableitet und gleichzeitig seine Zusammensetzung günstig beeinflußt. Die Menge und Kraftäußerung der Schutzstoffe des Blutes, der sogenannten Antikörper, steigt an, die Zahl der so wunderbar gegen bakterielle Infektion schützenden weißen Blutkörperchen erhöht sich.

Die erhöhte Stickstoffausscheidung und die ebenso willkommene Steigerung der Verbrennungsvorgänge und der Stoffumwandlung im Körper durch Farbenbestrahlungen, betont vor allem der Farbentherapeut Dr. med. Ghadiali, der auch den chemischen Einfluß, den die Farben ausüben, hervorhebt. Nach seinen Angaben wird Sauerstoff durch Blaubestrahlung dem Körper zugeführt, Stickstoff durch grün, Kohlenstoff durch gelb, Wasserstoff durch rot. Auch er ist der Ansicht, daß die Farben das Blut und die Zellen zu regerer Tätigkeit anspornen und daß sie zugleich in den Geweben auch winzige Spuren anderer Elemente bilden, die einen günstigen Einfluß ausüben. Es entsteht eine Schleimhautauflockerung und gesteigerte Sekretion. Zudem erweisen sich die Farben als bakterienfeindlich, was D.P.G. durch zahlreiche Versuche an Tuberkulosen, Krebskranken usw. bewies.

Auf jeden Fall haben wir in den Farbtönen eine Fülle kleinster Reize, die sich auch in der kleinsten Zelle betätigen. Die Vorstellung dieser, gewaltige Kraftäußerungen auslösenden, feinsten bioelektrischen Reize, muß uns, die wir so lange in grobmateriellen Lebensauffassungen befangen waren, erst richtig zum Bewußtsein kommen, bevor wir zum Verständnis des Wesens und der Leistungsmöglichkeiten dieses neuen therapeutischen Hilfsmittels gelangen können.

Bekanntlich erzeugt jede lebende Zelle selbst einen feinen bioelektrischen Strom, da sie durch den Stoffwechsel den verschiedenen chemischen Verwandlungen unterworfen ist. Wir nehmen diesen Strom aus den Elektrolyten des Blutes und der Lymphe einerseits und aus dem Weltall andererseits, aus der Sonne, dem Licht, den Farben. Die Farben sind feinste Sonnenkräfte, die in unserem Körper ihr heilsames Spiel treiben. D.P.G. geht von der Feststellung des ersten Farbentherapeuten E. D. Babbitt aus, derzufolge das Farblicht die elektrischen und magnetischen Kräfte des Sonnenlichts voll zur Entfaltung bringt. Weiter ist bekannt, daß blaues und violettes Licht beruhigende Wirkungen haben. Professor Kraus, der sich gleichfalls mit dieser Therapie beschäftigt, erklärt u. a.: »Es ist wohl sicher, daß der gesteigerte Blutdruck, zum Beispiel bei Präsklerose, Nephritis oder Arteriosklerose mit einer gewissen Regelmäßigkeit herabgedrückt wird, und zwar um Beträge, welche für das Wohlbefinden des Patienten in Betracht kommen.«

Der Spezialist Grabley berichtet von auffallenden Besserungen bei einer erheblichen Anzahl von organischen und nervösen Herzstörungen, und zwar Besserungen, die durch das Röntgenbild kontrolliert werden konnten. Ein großer Arzt endlich sagte: »Man gebe mir ein Mittel in die Hand, um Fieber zu erzeugen, und ich heile jede Krankheit.« Nun, die roten und orangegelben Farben bringen durch ihre feinen bioelektrischen Schwingungen einen leichten, oft unmerklichen Fieberzustand zuwege, der den Genesungsvorgang einleitet.

D.P.G. gibt an, daß er jede Krankheit, auch wenn sie schon einen Grad erreichte, der als unheilbar galt, zum Beispiel Krebs, Lähmungen usw., durch Farbenbestrahlung heilen konnte. Er ordnet die prismatischen Farben in zwölf Stufen ein und teilt diese in zwei Gruppen. Die eine Gruppe enthält alle Farben mit Gelbgehalt, die andere die Farben mit Blaugehalt. Rot bezeichnet er als Wärmepol, blau als Kältepol.

Dr. Ghadiali legt sein Hauptaugenmerk auf die Untersuchung der Elemente, die durch Farbenbestrahlung dem menschlichen Körper zugeführt werden und auf die Wiederherstellung richtiger Funktionen der Organe. Das reibungslose Funktionieren aller Teile des Organismus nennt er Gesundheit. Der Organismus gerät aber in Unordnung, wenn das kleinste Rädchen gehemmt, ein Teilchen aus dem Gleichgewicht gebracht worden ist. Dr. Ghadiali spricht nie von Krankheit oder von krank sein, sondern, wie anfangs bereits erwähnt, stets von »in Unordnung geraten«. Heilen nennt er »Wiederherstellung der reibungslosen Funktion und des Gleichgewichts des Organismus«.

Bemerkenswert ist, daß Dr. Ghadiali kostenlos behandelt, aber jeden Kranken, den er wiederhergestellt hat, verpflichtet, sein Schüler zu werden und in Zukunft sich und seine Familie mit Farbenkräften gesund zu erhalten, welche sein Farbenapparat erzeugt. Dieser Apparat ist aber ziemlich kostspielig. Einer seiner Schüler, ein Auslandsdeutscher, besuchte mich Anfang Januar 1940. Er war durch D.P.G. von Lupus geheilt worden und behandelte seither sich, seine Frau und seine Kinder mit Farbenheilkräften. Er hatte einen solchen Farbenapparat erworben und zeigte ihn mir.

Bevor weiter auf die Farbheilweise eingegangen wird, soll mit einer bemerkenswerten Erscheinung vertraut gemacht werden, mit dem Phänomen der Resonanz in der Natur im allgemeinen und im menschlichen Körper im besonderen. Die lichtvollsten Aufschlüsse gibt uns hier der Naturforscher

Kurt Matthäus. Er sagt: »Die Erfahrung lehrt, daß man mit kleinen Kräften große Wirkungen erzielen kann, oft größer als mit starken Kräften.« Diese Erscheinung nennen wir Resonanz — auf deutsch Mitschwingung.

Sobald ein Gegenstand, etwa die Saite eines Musikinstrumentes, 32 Schwingungen in der Sekunde (das Kontra-C) erreicht, werden diese hörbar und erzeugen einen Ton. Je rascher die Schwingungen sind, um so höher wird der Ton. Um eine Saite zum Tönen zu bringen, braucht man eine gewisse Kraft. Es gehört aber nur ein Bruchteil dieser Kraft dazu, wenn man auf die Saite Schwingungen einwirken läßt, die genau ihrer Eigenschwingung entsprechen. Singt man leise den Ton, auf den die Saite zum Beispiel einer Laute gestimmt ist, dann kann durch diese winzige Kraft des Schalles die Saite zum lauten Ertönen gebracht werden.

Resonanzkräfte können unter Umständen auch gefährlich sein. Eine Abteilung Militär darf nicht im Gleichschritt über eine Brücke marschieren. Es ist vorgekommen, daß starke Brücken zufällig eine Eigenschwingung hatten, welche dem Rhythmus des Gleichschritts entsprach. Dadurch kamen sie in derartige Schwingungen, daß sie einstürzten.

Stimmen die Erschütterungen eines Flugzeugmotors mit der Eigenschwingung der Tragfläche überein, dann zerbrechen die Flächen. Manches Flugzeug wurde durch Resonanzvorgänge zum Absturz gebracht. Als Graf Zeppelin im Jahre 1929 seinen Weltflug antrat, zwangen ihn Resonanzvorgänge zur Umkehr. Die Motoren hatten bei einer bestimmten Tourenzahl Schwingungen, die der Eigenschwingung der Kurbelwellen gleich waren. Durch die auftretende Resonanz zerbrachen die Wellen. Es ist jedem Techniker bekannt, daß, sobald unerwünschte Resonanzvorgänge auftreten, das allerbeste, kräftigste Material der Gewalt der Resonanzkräfte nicht zu widerstehen vermag.

Auch im menschlichen Körper können unter Umständen Resonanzerscheinungen auftreten. Der Organismus ist in Billionen von Zellen gegliedert. Auch diese Zellen besitzen, wie alle Gegenstände, eine Eigenschwingung. Da die Eigenschwingungszahl eines Gegenstandes um so größer ist, je geringer seine Ausdehnung, so ist die Eigenschwingung der Zellen im Körper infolge ihrer mikroskopischen Kleinheit sehr hoch. Läßt man auf die Körperzellen elektrische Schwingungen einwirken, deren Schwingungszahl mit der Eigenschwingung der Körperzellen übereinstimmt, dann entstehen in den Zellen Resonanzerscheinungen.

Starke elektrische Schwingungen können unter Umständen auf organisches Leben zerstörend wirken. Auftretende Resonanzkräfte können die Zellen zum Bersten bringen. Hierdurch wird auch die Tatsache erklärt, daß die sogenannten kurzen Wellen von Rundfunksendern gefährlich sind. Werden von einem Sender Kurzwellen von etwa zehn Zentimetern ausgesendet, können diese, wie Versuche ergeben haben, kleinere Tiere rasch töten, auf die menschliche Gesundheit können sie schädlich wirken. Die zerstörende Kraft solcher kurzer Wellen beruht darauf, daß sie in den Eiweißmolekülen des Organismus Resonanzvorgänge hervorrufen, durch die diese zum Bersten gebracht werden.

Auch die zerstörende Kraft, die Röntgenstrahlen und Radiumstrahlen auf den menschlichen Körper ausüben können, beruht auf der Entstehung von Resonanzvorgängen. Unter normalen Verhältnissen tritt das Radium in der Natur derartig fein verteilt auf, daß die zerstörende Resonanzkraft der Gammastrahlen im menschlichen Körper keine wirklichen Schädigungen hervorruft. Vielmehr reicht diese Kraft hin, um durch kleinste Molekülzerstörungen im Blute die aufbauenden Lebenskräfte im Körper zu immerwährender Tätigkeit anzureizen. Auf diese Weise kommt den Strahlungen des Radiums ein hoher gesundheitlicher Wert zu.

Die Erkenntnis, daß der menschliche Organismus Resonanzkräften zugänglich ist, läßt weitgehende Folgerungen zu. Das Resonanzprinzip besagt, »daß mit kleinsten schwingenden Kräften größte Wirkungen ausgelöst werden können, wenn diese Kräfte auf die Eigenschwingungen ihres Wirkungsfeldes abgestimmt sind«. Kleinste Resonanzkräfte können dabei mehr leisten, als noch so große, nicht abgestimmte Kräfte. Diese Tatsache ist ungeheuer wichtig für die Farbenheilkunde, werden doch bei Farbbestrahlung Resonanzwirkungen auf den Körper ausgeübt, die sich bei richtiger Anwendung äußerst günstig auf seinen Gesundheitszustand auswirken.

Farbenheilkräfte sind noch immer ein wenig erforschtes Gebiet, obwohl sich schon sehr verdienstvolle Pioniere für die Farbenheilweise einsetzten, wie auch Dr. Heermann, Professor Dr. med. Körber, Dr. Falkenberg, D. F. W. Fröhlich u. a. m.

Dr. Falkenberg baute einen Apparat, mit dem der gewöhnliche elektrische Strom in »Hochfrequenzstrom mit violetten Strahlen« umgewandelt wird. Es werden dadurch künstliche Gewitter im menschlichen Körper erzeugt und ihm feinste Energien der Natur zugetragen. Diese Ströme gehen auf die gleiche Wurzel, die Sonne, zurück. In Millionen von Schwingungen durcheilen sie alle Winkel unseres Körpers, regen an, gleichen aus, schieben das Zuviel der Kräfte einem bedürftigen Teil des Körpers zu, der an einem Zuwenig leidet. Solche Art der Behandlung wirkt harmonisierend. Harmonie ist Rhythmus, ist Gesundheit. Alle unsere inneren Organe, deren Tätigkeiten ohne Unterbrechung ineinandergreifen, müssen im rhythmischen Zusammenspiel erhalten werden, dann kann sich keine Krankheit festsetzen. Stillstand der Organe, Hemmung ihrer Betätigung ist ein disharmonischer Vorgang und führt zu irgendeiner Art von Krankheit.

Farbige Bestrahlung läßt sich auch vermittels farbigen Glases, oder noch besser mittels Zellglases, das biegsam ist, direkt von der Sonne auf den Körper überleiten. Die Heilkraft der Sonne wurde der leidenden Menschheit längst nutzbar gemacht, nur scheuen sich noch viele, die keine Erfahrung haben, die Heilkräfte der Farben, die doch nur Aspekte des Lichtes sind, gleichzeitig mitzubenützen.

Und doch ist dieses Verfahren das denkbar einfachste, das jedem die Möglichkeit gibt, sich die Wunderkräfte der

Farben von der freigebigen, segenbringenden Kraftspenderin Sonne kostenlos zu verschaffen. Sie sollten auch in gesunden Tagen benützt werden, da sie das beste Vorbeugungsmittel gegen die verschiedenen Krankheiten und besonders auch gegen Altersschwäche sind.

Hat schon das ganze Sonnenlicht einen großen Einfluß auf den Körper, so haben dessen einzelne Farben eine noch größere Heilwirkung. Alle Farbentherapeuten konnten die Erfahrung machen, daß jede Farben-Strahlenart, allein angewendet, eine tiefergreifende Wirkung hat als das weiße Sonnenlicht, das zwar alle Farbenarten enthält, die sich aber, weil sie sich ergänzen und einander ausgleichen, in ihrer Wirkung aufheben. Bestrahlen wir mit einer speziellen Farbe, so haben wir eine konzentrierte besondere Strahlenart, die tiefgreifende Wirkungen auf Körper, Seele und Geist ausübt. Die Durchdringungsfähigkeit der einzelnen Lichtstrahlen ist am größten beim Rotlicht, während die Strahlen von Orange, Gelb, Grün, Blau, Violett (in dieser Reihenfolge) weniger tief eindringen. Rot, Orange, Gelb sind in physikalischer Hinsicht warme Farben, Blau und Violett unter gleichen Gesichtspunkten kalte Farben. Gelblich-Grün wird noch zu den warmen, Bläulich-Grün zu den kalten Farben gerechnet.

Professor Ponza, Leiter des Irrenhauses in Alexandria, berichtet, daß er mit Farben Geisteskranke geheilt hat. Einen Patienten, der sich lebendig begraben wähnte und Speise, Trank und Rede verweigerte, brachte er in ein von gelbem Licht durchstrahltes Zimmer. Noch am gleichen Tage ließ sich der Mann zum Essen bewegen und in einigen Wochen war er als gesund entlassen.

Ich habe mit der Farbe gelb auch als Mittel gegen Müdigkeit und Schläfrigkeit interessante Erfahrungen gemacht. Eine meiner Schülerinnen hatte viel Nachtarbeit zu leisten.

Sie wurde dabei oft so stark von Schläfrigkeit befallen, daß sie nicht weiterarbeiten konnte. Ich gab ihr den Rat, bei Strickarbeiten den Versuch mit gelben Hornnadeln zu machen. Über den Erfolg war sie sehr erstaunt und berichtete, daß sie mit gelben Hornnadeln stundenlang ohne Ermüdungserscheinungen arbeiten könne.

Mit Gelblicht behandeln Farbentherapeuten Magen-, Darm-, Blasen-, Leber- und Milzstörungen. Sie behaupten, daß es sättigend, stärkend und kräftigend auf das Drüsensystem wirke. Es soll aber höchstens 15 bis 20 Minuten angewendet werden, da es, im Übermaß gebraucht, Brechreize bewirken kann. Die meisten Brechmittel sind von gelber Farbe, wie zum Beispiel Schwefel, Sennesblätter usw. In den Gewürzen und Arzneien kommen alle Farben zum Ausdruck. Die erregenden Gewürze, zum Beispiel Pfeffer, stammen von rotblütigen, die kühlenden dagegen von blauen Pflanzen.

Im Rotlicht entdeckte Dr. Heermann Wachstumsstrahlen. Es wirkt auf die Ausdehnung der Gefäße. Krankheiten des Herzens, der Lunge und der Muskeln werden hauptsächlich mit Rotbestrahlung behandelt, und zwar etwa 15 Minuten, zwei- bis dreimal täglich.

Sehr wichtig ist Rotlicht bei der Wundheilung. Hier wirken die Wachstumsstrahlen in günstigster Weise. Ist die Wunde eitrig, dann besorgt das Blaulicht die Desinfektion. Masern, Scharlach, nässende Flechten und andere Hautleiden heilen bei Rotbestrahlung. In früheren Zeiten wurden Masern- und Scharlachkranke einfach in rote Tücher gehüllt und auf solche Weise mit roter Farbe geheilt. Auch Asthma, Blutarmut, Absterben der Glieder, Frostschäden, Rheuma, Lähmungserscheinungen werden mit Rotlicht behandelt.

Das Blaulicht hat chemisch wirksame Strahlen. Es beeinflußt jene Nebenniere, welche das zusammenziehende Hormon erzeugt, mit dessen Hilfe sich die Gefäße verengen und dadurch Anämie (Blutleere) eintritt. Im Blaulicht entdeckte Dr. Heermann Hemmungsstrahlen. Wucherungen verschiedenster Art, auch Kröpfe, werden mit Blaulicht behandelt. Warzen verschwinden durch Blaulicht.

Nicht alle Menschen reagieren gleich auf die verschiedenen Farben. Violett wird in manchen Fällen dem Blau, Orange dem Rot, Grün dem Gelb vorgezogen.

Jede Farb-Licht-Behandlung wird durch eine Farb-Sehkur tatkräftig unterstützt. Das Farbensehen leitet die Farbenschwingungen durch alle Teile des Körpers. Es wird damit ein wichtiger seelischer Einfluß geschaffen, der aufbauend wirkt.

Goethe schrieb schon vor mehr als hundertfünfzig Jahren, daß die einzelnen Farbeneindrücke nicht verwechselt werden können, daß sie spezifische Zustände in dem lebendigen Organ wie im Gemüt hervorbringen müssen. Die Erfahrung mit den Farb-Sehtafeln lehrt, daß die einzelnen Farben verschiedene Gemütsstimmungen erzeugen, die je nach Art der Krankheit die Heilprozesse unterstützen.

Goethe sagte: »Um die einzelne bedeutende Wirkung einer Farbe vollkommen zu empfinden, muß man das Auge ganz mit Farbe umgeben, sich in einem farbigen Zimmer aufhalten, oder durch ein farbiges Glas sehen. Man identifiziert sich alsdann mit der Farbe, sie stimmt Auge, Geist und auch Körper mit sich unisono.« Goethe war also der erste, der in seiner Farbenlehre schon auf die Heilkraft der Farben hingewiesen hat. Viele Jahre später, erst im Jahre 1880, wurden in Sizilien durch den damals sehr berühmten Doktor Sciascia Farbenkuren ausgeführt.

In späterer Zeit bewies Professor Nils Finsen in Kopenhagen, an Pflanzen und Tieren, daß Farben selbständige

Kräfte sind, die mit Suggestionskräften nicht verwechselt werden dürfen. Professor Finsen erhielt für seine Arbeiten über Licht- und Farbenwirkung den Nobelpreis.

Einer der wichtigsten Faktoren jedes Handwerks- und Gewerbebetriebes ist das Licht. Trotzdem beträgt der Kostenaufwand für eine gute Beleuchtung nur den Bruchteil der übrigen Unkosten für Miete, Maschinen, Werkzeuge, Gehälter, Löhne usw. — Den Gefolgschaftsmitgliedern das notwendige Handwerkszeug zur Verfügung zu stellen, erscheint durchaus selbstverständlich. Weniger selbstverständlich ist es aber immer noch, ihnen auch die beste Beleuchtung zu bieten. Mit der Beleuchtung zu sparen ist aber unwirtschaftlich, denn als Folge ergibt sich Materialverlust und Produktionsverminderung bei gleichzeitiger Erhöhung der Unfallgefahr. Dagegen ist erwiesen, daß die Erhöhung der Beleuchtungsstärke eine Steigerung der Leistungsfähigkeit des Menschen und eine Verbesserung der Güte des Fabrikats zur Folge hat, und daß die hieraus sich ergebenden wirtschaftlichen Vorteile größer sind als die Mehraufwendungen für die Beleuchtung. Genaue Untersuchungen in den verschiedensten Betrieben ergaben, daß bessere Beleuchtung zur Steigerung der Erzeugung führt, die Arbeitsleistung erhöht sich bei guter Beleuchtung, weil Fehler vermieden werden und auch nicht die Arbeitsgeschwindigkeit infolge vorzeitiger Ermüdung der Arbeit nachläßt, vorausgesetzt, daß bei Fehlsichtigkeit die Augen auf die entsprechende Arbeitsdistanz durch eine geeignete Brille korrigiert sind.

Vielleicht wird der Leser einwenden, daß in seinem Betriebe bei sparsamer Beleuchtung gearbeitet wird, ohne daß Ermüdungserscheinungen bei den Arbeitern oder Gesellen bemerkt wurden und folglich auch keine Leistungssteigerung durch Verbesserung der Beleuchtung zu erwarten ist. Aber dies sind Trugschlüsse, die darauf zurückzuführen sind, daß Ermüdungserscheinungen und deren Auswirkung auf die Arbeit gern irgendwelchen anderen Einflüssen zugeschrieben werden! Unsere Augen besitzen die Fähigkeit, sich den Beleuchtungsverhältnissen weitgehend anzupassen und darum wird einem nicht bewußt, daß diese Anpassung an zu geringe Beleuchtungsstärke auf Kosten der Sicherheit und der allgemeinen Leistungsfähigkeit geht. Niemand wird bestreiten, daß die Verkehrssicherheit auf den Straßen von der Stärke der Beleuchtung sehr wesentlich abhängt; auch daß die Schaufenster um so zugkräftiger wirken, je besser sie beleuchtet sind, wird wohl allgemein zugegeben. Daß aber eine gute Beleuchtung die Vorbedingung ist für gute, schnelle und fehlerfreie Arbeit, sollte ebenfalls eingesehen werden, zumal ja einwandfreie Untersuchungsergebnisse vorliegen. So ist auch die Leistungssteigerung in den Setzereien unter dem Einfluß einwandfreier Platzbeleuchtung erwiesen. Überall konnte festgestellt werden, daß die Kosten für den Mehraufwand an Beleuchtung gering sind im Verhältnis zu den wirtschaftlichen Vorteilen, die durch verbesserte Sehbedingungen erzielt werden.

Aber nicht nur die rein materiellen Gründe dürfen maßgebend sein. Die Bestrebungen zur Verschönerung der Arbeit richten sich auch auf die Verbesserung der Beleuchtung an den Arbeitsplätzen. Die Zustände, die in beleuchtungstechnischer Hinsicht noch in vielen Gewerbe- und Handwerksbetrieben anzutreffen sind, sollten endlich geändert werden, denn das körperliche und geistige Wohlbefinden der Mitarbeiter ist maßgebend.

Der Farbentherapeut muß die lebenskundlichen Gesetze ergründet haben, muß die Zusammenhänge, die Erscheinungen des Lebens in seiner Ganzheit erfassen und in der Heilkunst berücksichtigen. Vor allem muß er ein naturwissenschaftliches Studium über die Natur der Farben betreiben, muß Kenntnisse über Farbenchemie und über Farbenstrahlen besitzen und muß die Temperamente der Menschen und der Farben eingehend studiert haben.

Die Lehre der Temperamente reicht bis ins Altertum zurück. Empedokles von Agrigent (530—490 vor Christus) erklärte, daß Wasser, Feuer, Luft und Erde die vier unveränderlichen Wurzeln aller Dinge sind. Diese, verglichen mit ihren vier Temperamenten, sind die treibenden Kräfte der Welt und dahin aufzufassen, daß damit die letzten Qualitätsprinzipien alles Seienden symbolisiert sind. Zu dieser Lehre bekannte sich der berühmte Arzt des Altertums und sein Zeitgenosse Hippokrates, ebenso auch Aristoteles, der damit die Lehre von den vier Hauptqualitäten kalt, warm, trocken und feucht aufstellte mit den Eigenschaften flüssig, permanent, elastisch, gasförmig und fest. Aristoteles nahm eine typische Mischung für jede Individualität dieser im Menschen zusammentretenden Elemente an.

Der griechisch-römische Arzt Claudius Galenus (geb. 131 n. Chr.) erhob die Lehre von den vier Temperamenten zur eigentlichen medizinischen Theorie. Er brachte die mehr oder weniger ausgesprochene Individualität des menschlichen Gemüts und der Gefühle mit einem entsprechenden Mischungsverhältnis der vier »Kardinalsäfte« in Zusammenhang: Melancholie (schwarze Galle), Cholee (gelbe Galle), Sanguis (Blut), Phlegma (Schleim). Jedes der vier Temperamente wurde nach dem in ihm als vorherrschend angenommenen Safte benannt und charakterisiert. So entstand die Benennung Melancholiker (schwerblütig), Choleriker (heißblütig), Sanguiniker (leichtblütig) und Phlegmatiker (kaltblütig).

Als typische Temperamente gelten auch heute noch diese vier grundverschiedenen Temperamente, die auch den vier Grundfarben blau, rot, gelb und grün eigen sind.

Das melancholische Temperament hat große Neigung, in düstere Stimmung überzugehen, die lange und intensiv nachklingt. Die dunkelste Farbe im Prisma (also auch im Regenbogen) ist das Blau. Der Melancholiker ist ernster Natur, zurückhaltend, gefühlsbetont, energielos, nicht selten lebensüberdrüssig und gemütskrank, ist empfindlich, im guten Sinne treu, hilfsbereit, sanftmütig, gottergeben, gläubig, tröstend, beruhigend. Dieselben Wirkungen übt auch die Farbe blau auf den Menschen aus.

Ganz anders ist das cholerische Temperament, das schnell in Schwingung und Begeisterung, aber auch in Kampfesmut und Kampfeswut gerät. Die rote Farbe besitzt diese Eigenschaft und wird zum Reizen des Tieres im Stierkampf benützt. Auch der Choleriker gerät schnell in Streitsucht, ist leicht erregt, aufwallend, aufpeitschend, mitreißend, selbstbewußt, sich vordrängend (wie die Farbe rot), und immer beweglich, immer lebendig, ohne Ruh und Rast. Rot symbolisiert die begeisterungsfähige und kampfesmutige Jugend, die Frühlingsstürme und den Tagesanbruch mit der aufgehenden roten Sonne. Gelb symbolisiert den reifen Menschen auf der Höhe seines Lebens, im Vollbesitz seiner Kraft, wie die kraftspendende Sonne am Mittag. Blau dagegen ist die Farbe des Greises, des Winters, der Nacht.

Der Sanguiniker ist leichtblütiger Natur, bei ihm kommen und gehen die Stimmungen im raschen Wechsel. Er ist lebensbejahend und lustbetont, auf der Höhe des Lebens, wie die Sonne am Mittag und wie die Farbe gelb im prismatischen Farbenkreise, und wie der Sommer unter den Jahreszeiten mit den lichtesten und wärmsten Tagen. Das sanguinische Temperament ist positiv, energisch, licht, heiter, lustbetont, optimistisch; der Gegensatz zum melancholischen und somit die Ergänzung. Blau und gelb ist ein harmonisches Farbenpaar. Gelb wirkt auf den Geist, blau auf das Gemüt und rot auf das Blut. Blau-rot-gelb ist ein harmonischer Farbenakkord.

Der Phlegmatiker ist träge und bequem, wenig erregbar, gleichgültig, materialistisch veranlagt und als solcher kaltblütiger Verstandesmensch, der seinen Gewinn zu wahren weiß, sich mit geistigen Problemen nicht gerne befaßt, besonders wenn sie keinen irdischen Gewinn abwerfen. Geistigen Fortschritten steht er oft hemmend im Wege. Er ist denkfaul, paßt sich der Massenansicht an, wenn es sein Vorteil ist, ist vorsichtig, kritisch, nicht selten verdrießlich. Er kann sich zu nichts Höherem aufschwingen, ist erdgebunden und grobstofflich. Seine Farbe charakterisiert die erdgebundene Farbe dunkelgrün, die ja auch die Massenfarbe in der Natur ist. Grün ist gesundheitsfördernd als Pflanzenfarbstoff, als Nahrung. Der dunkelgrüne Farbenstrahl ist weniger günstig (zum Unterschied von kräftigen lichten grünen Farbtönen). Grün symbolisiert das Abnehmen des Lichtes und der Wärme und des Lebens, die müden Abendstunden, den früchtebringenden Herbst. Eine Ausnahme hiervon macht besonders lichtes Blaugrün und Gelbgrün. Grün mit viel Gelbgehalt gehört zu den positiven, aktiven Farben, wie Rot und Orange.

Die Heilkräfte der Farben sind ihren Charakteren entsprechend. Blau wirkt kühlend, erfrischend, schmerzstillend bei Leiden, die von Nervenstörungen herrühren. Rot wirkt erhitzend, bringt das Blut in Bewegung, ist gut bei allen

Leiden, die von Blutstockungen oder Blutträgheit herrühren. Gelb bringt den Geist in Schwung, wirkt gegen Ermüdung und Arbeitsunlust, spendet Energiezufuhr, ist aufheiternd für düstere Gemüter und ein wahrer Segen für Gemütsleidende. Grün ist das Beruhigungsmittel für Choleriker, besänftigt und bewirkt Entspannung und Erholung. Grün ist als Naturfarbe zu empfehlen, ist ausgezeichnet als Pflanzenkost für die Gedärme.

Die Aufnahmefähigkeit der verschiedenen Farbenheilkräfte ist von den individuellen Temperamenten abhängig. Der Melancholiker mit seinem stark andauernden, zur Unlustbetonung neigenden Gefühl, mit langrhythmischen Schwingungen, wird länger zur Aufnahme brauchen als der leichtbeschwingte, rasch wechselnde Sanguiniker oder der schnellrhythmische Choleriker.

Auch die Beeinflussung und nachhaltende Wirkung sind verschieden. Zu starker Beeinflussung neigen der Melancholiker und der Choleriker, zu schwacher der Sanguiniker und der Phlegmatiker. Letzterer ist auch seinen Stimmungen nicht so unterworfen wie der Melancholiker und der Choleriker. Das sanguinische und das phlegmatische Temperament sind insofern als die glücklichsten zu bezeichnen, weil sie kaum empfinden, was man »Weltschmerz« nennt.

Die vier verschiedenen Temperamente können wir in der Physik und im ganzen Kosmos nachweisen. Sie sind die vier unveränderlichen Wurzeln aller Dinge und bestimmen alle Wirkungen und Wechselwirkungen.

Besonders deutlich treten uns diese Erscheinungen in der Chemie vor Augen. Die beiden Charakterpole gelb und blau finden wir im Wasserstoff und im Sauerstoff, den roten Charakter im Kohlenstoff, den grünen im Helium.

Der Wasserstoff stellt die kleinste und leichteste Atomgröße dar, ist zugleich das Beweglichste und Energischste, was wir kennen. Er entspricht dem einseitigen gelben Charakter. Dem gegenüber steht der Sauerstoff, der zusammen mit dem Wasserstoff das Wasser darstellt, der ebenso einseitigen Charakter zeigt, aber eine dem Sauerstoff entgegengesetzte Energierichtung hat. Dieselbe Eigenschaft besitzt der blaue Charakter.

Der Kohlenstoff ist das Grund- und Stammelement alles Organischen (wie die roten Blutkörperchen bei Tier und Mensch), infolgedessen auch der gesamten sogenannten organischen Chemie; er ist außerdem sehr verbindungsfähig. Im Gegensatz zur Einseitigkeit des Sauer- und Wasserstoffes ist der Kohlenstoff nicht einseitig. Er liefert Säuren, Basen und neutrale Verbindungen in unabsehbarer Zahl. Dieser Charakter äußert sich auch in dem beweglichen, sich leicht veränderlichen Rot, das sich bald nach der blauen, bald nach der gelben Seite neigt. Ebenso als Blutfarbe wechselt er seine Nuance, bläulich vom Herzen kommend, gelblich zum Herzen fließend.

Das noch nicht lange entdeckte Helium ist chemisch von sehr indifferentem und trägem Charakter, indem es sich nur schwer mit anderen Elementen verbinden läßt. Es entspricht dem schwer ansprechenden, bequemen, grünen Charakter.

Interessant sind auch die chemischen Vorgänge, die aller Muskeltätigkeit zugrunde liegen. Das Anspannen eines Muskels, also die mit einer Zusammenziehung des Muskels verbundene Arbeitsleistung ist die sogenannte Arbeitsphase. Es entsteht Kohlensäure und viel Wärme und damit verbunden die Farbe rot.

Ebenso interessant ist auch der Vorgang, daß Rot seine Farbe der Temperatur entsprechend verändert. Als Zimmeranstrich zum Beispiel wird ein kräftiges Rot in bestimmter kalter Temperatur bläulich. Sobald aber der Raum gut geheizt ist, nimmt dasselbe Rot einen gelblichen Ton an.

Innerhalb der prismatischen Farbenskala zwischen den vier Grundfarben gibt es noch eine Menge Farbstufen, zusammengesetzt aus zwei Charakteren, zum Beispiel aus Blau und Rot, all die verschiedenen Nuancen des Violett, oder aus Rot und Gelb die Abstufungen des Orange in der aufsteigenden Linie, und aus Gelb und Blau in der absteigenden Linie grün. Ebenso gibt es eine Temperamentenskala mit vielen Zwischenstufen. Diese nenne man zusammengesetzte Temperamente. Naturgemäß schwanken diese Zwischenstufen bald nach der einen, bald nach der anderen Seite. So entsteht der hin- und hergezogene Charakter des unbefriedigten Violett, der sich verändert, je nachdem er mehr nach der roten oder nach der blauen Seite hinneigt. Auch viele Menschen besitzen einen zwiespältigen Charakter, dem bei der Farbenheilweise Rechnung getragen werden muß.

Violett ist weder warm noch kalt. Da es zwei Energien vereinigt, das passive Blau mit dem aktiven Rot, ist etwas Unstetes, Nervöses, Schwieriges in diesem Charakter. Das violette Temperament besteht aus Sehnsucht und Träumen, aus melancholischer Resignation. Es ist das Symbol der Hilflosigkeit, der Verlassenheit, der Vergänglichkeit, der Einsamkeit, der Entsagung. Violett ist in sich unruhig. Als Blauviolett ist es ein erwärmtes Blau, das seine Frische und Kühle verloren hat. Je mehr es zum Roten neigt, desto mächtiger und gefestigter wird es. Auf großen Flächen ist Violett nicht zu empfehlen; es wirkt deprimierend und verstimmend. Solcher Einfluß kann sich bis zur Lebensverneinung steigern, besonders als Zimmerfarbe.

Orange, als Mischung des roten und gelben Temperaments, übernimmt auch einen Teil der Charaktereigenschaften dieser beiden Farben. Es ist gebunden und gesammelt von innerer Leidenschaft und in sich pulsierend. Der Orange-

Charakter kennt keine Sentimentalität und keinen Ernst, auch keine Aufregung oder Müdigkeit. Orange ist lebensfroh, im Vollbesitz einer gesunden, fast aufdringlichen Lebensbejahung. Es hat einen eigenmächtigen Charakter und will gerne über andere dominieren. Auch beim Orange sind deutliche Veränderungen sichtbar, wenn es mehr zum Roten oder zum Gelben hinneigt. Diese vielen Arten der Zwischentemperamente sind in der Farbentheorie zu berücksichtigen.

Behandlung mit farbiger Bestrahlung war bisher ziemlich
kostspielig und unpraktisch. Farbige Glasscheiben mußten
zumeist erst angefertigt werden. Sie kosteten, wenn man sie
überhaupt bekommen konnte, in Größen von ca. 25 x 25 cm
mit Einfassung zum Aufhängen zwischen 15 und 20 Mark.
Glastafeln haben an sich den Nachteil, daß sie sehr schwer
und zerbrechlich sind und sich nicht gut transportieren lassen, wenn man Farbenbestrahlung durch Sonnenkraft im
Freien ausüben will.

Um diesen Mängeln abzuhelfen, habe ich immer angeregt, unzerbrechliche, biegsame, federleichte und lichtechte
Farbtafeln selbst herzustellen, die man ohne Schwierigkeit
überall befestigen und anbringen kann und die gleicher-
maßen zur Ausnützung der Sonnenbestrahlung als auch der
elektrischen Lichtbestrahlung verwendet werden können.

Die Bestrahlung durch farbige elektrische Birnen ist ebenfalls kostspielig und unbequem. Die farbigen Birnen sind
in den verschiedenen Stärken und entsprechenden Watt-
zahlen nicht immer vorrätig, auch nicht in allen Farben er-
hältlich. Sie kosten zwei- bis dreimal soviel wie eine unge-
färbte elektrische Birne und nützen sich verhältnismäßig
schnell ab. Farbenbestrahlungstafeln dagegen, aus Zellglas
hergestellt, sind von beinahe unbeschränkter Lebensdauer,
wenn sie einigermaßen sorgfältig behandelt und vor Feuchtigkeit und Feuer geschützt werden.

Man kann Farbenbestrahlungstafeln dieser Art an irgendeinem beliebigen Fenster aufhängen oder einfach mit Reiß-
brettstiften anheften. Für elektrische Lichtbestrahlung kann
man sie an einer beliebigen Stehlampe anbringen. Abgesehen von diesen Vorteilen allen anderen Bestrahlungs-
möglichkeiten gegenüber, haben diese Farbenbestrahlungs-

tafeln den einzigartigen Vorzug, daß man jede Farbstärke mit denselben herstellen kann. Dies ist weder mit Farbtafeln aus Glas noch mit farbigen elektrischen Birnen in gleicher Weise zu bewerkstelligen. Mit letzteren kann man auch nicht beliebige Farbnuancen mischen, wie dies ohne weiteres mit Farbenbestrahlungstafeln geschehen kann.

Da jeder Mensch seine eigene charakteristische Veranlagung und eine unterschiedliche Aufnahmefähigkeit hat, ist Farbenmischung und Farbenstärke bei der Bestrahlung von größter Wichtigkeit. Der Arzt kann diese Farbenstärken und Farbennuancen nicht ohne weiteres vorschreiben, er kann nur regeln und raten nach Angaben des Patienten, denn nur dieser selbst kann fühlen, ob er mehr oder weniger verträgt, ob er ein gelbliches oder ein bläuliches Rot angenehmer empfindet. Die Farbenmischung ist ganz einfach. Will man ein gelbliches Rot oder gelbliches Grün, so lege man die gelbe Tafel auf die rote oder grüne Tafel. Wünscht man dagegen eine bläuliche Nuance, nehme man statt der gelben die blaue Tafel. Nicht zu verwenden ist Grün gemischt mit Rot (kräftiges Grün auf Rot gelegt). Solche Mischung hebt die Farbencharaktere auf, je nach Stärke der beiden Farben.

Farbenbestrahlung abwechselnd mit Blau und Rot ist ein vorzügliches Verjüngungs- und Verschönerungsmittel. Rotlicht bewirkt die Ausdehnung der Blutgefäße, was kräftige Durchblutung ergibt. Blaulicht dagegen bewirkt Verengung der Gefäße und verursacht Blutleere. Somit wird durch diese Art von Bestrahlung die Haut zu einer Tätigkeit gezwungen, wie sie in diesem Grade durch kein anderes Mittel erreicht werden kann.

Wie im Kapitel »Pioniere der Licht- und Farbentherapie« berichtet, hat Dr. Sciascia diese Verjüngungskuren mit Farben schon im vorigen Jahrhundert gekannt.

Viele Farbenheilpraktiker sind der Ansicht, daß die Wirkung der farbigen Bestrahlung durch gleichzeitiges Farbensehen sehr unterstützt wird. Zu diesem Zwecke benutzt man gleichzeitig zwei gleichfarbige Tafeln. Behandelt man zum Beispiel Blutandrang mit blauer Bestrahlung der Herzgegend und hält gleichzeitig eine blaue Farbtafel vor die Augen, dann wird man sehr schnell die verstärkte Wirkung fühlen.

Die Wirkung des Farbensehens spürt man sofort in der Zirbeldrüse (oben in der Mitte am Hinterkopf). Bei Blau merkt man ein Ziehen nach abwärts, bei Rot und Gelb ein Ziehen nach aufwärts. Diese Gefühle kann man steigern, wenn man während des Sehens durch die Tafel eine zweite derselben Farbe davor hält und so die doppelt starke Farbe auf sich einwirken läßt. Noch mehr verstärkt sich die Wirkung durch Vorhalten eines dritten, vierten, fünften und sechsten Farbensehtäfelchens. In derselben Reihenfolge beobachte man dann wieder die Abnahme des Ziehens, wenn ein Täfelchen nach dem anderen weggenommen wird. Farbensehtäfelchen sind ca. 7,5 x 13 cm groß. Mit diesen Farbensehtäfelchen hat man ein Mittel in der Hand, gleichzeitig auf die seelische Stimmung des Menschen zu wirken, was bekannterweise jeden Heilungsprozeß beschleunigt. Die Farbensehtäfelchen können selbst Kindern und Geisteskranken in die Hand gegeben werden, da mit diesen keinerlei Schaden angerichtet werden kann. Besonders für Geisteskranke ist die Farbenheilweise zu empfehlen. Der Arzt einer englischen Irrenanstalt erzählte, daß er die Tobsüchtigen mit gutem Erfolg in sogenannten »Blauzimmern« behandle; die blaue Farbe beruhige diese Patienten bald. Bei Epileptikern geschah es, daß Patienten vor Nahen eines Anfalls schnell das blaue Zimmer aufsuchten oder durch eine blaue Sehtafel sahen und so den Ausbruch verhindern konnten.

Durch helle, goldene Farben dagegen wirkt man sehr günstig auf Melancholiker und Trübsinnige.

Einem Herrn, der über beständige Ermüdungsgefühle klagte, gab ich den Rat, in seinem Arbeitszimmer gelbe Tapeten anbringen zu lassen. Dieser Herr war von der Wirkung begeistert. — Einem anderen Herrn in gleicher Lage, der möbliert wohnte und keine Befugnis hatte, sein Zimmer zu verändern, habe ich den Rat gegeben, gelbe Fensterscheiben einsetzen zu lassen und am Fenster zu arbeiten. Auch diesem Herrn wurde so geholfen und er war sehr glücklich darüber. — Ein Dekorationsmaler bekam eines Tages den Auftrag, einen Raum in grellster zinnoberroter Farbe auszumalen, Decke, Wände, Fußboden und alles, was darinnen stand. Die rote Farbe wirkte auf ihn so unangenehm und unbehaglich, daß er die Arbeit des öfteren unterbrechen mußte, um sich im Freien von der schwülen Atmosphäre, welche die rote Farbe ausströmte, zu erholen. Als ich den Besitzer dieses so rot angestrichenen Raumes fragte, was er mit demselben bezwecke, gab er zur Antwort, daß er Boxer sei und sich vor jedem Match in diesen roten Raum begebe, um die Kraft dieser roten Farbe auf sich wirken zu lassen. Sie stimmte ihn so kampfesmutig und kampfeslustig und flößte ihm eine solche Kraft ein, daß er seitdem aus jedem Mach als Sieger hervorgehe.

In vielen solchen Fällen kann man sich mit den Farbbestrahlungstafeln am Fenster behelfen, doch müssen diese den ganzen Platz der Fensterscheiben ausfüllen, so daß kein unfarbiges Tageslicht durchdringt. Zudem ist das viel vorteilhafter als die Farbenveränderung eines ganzen Raumes, die später häufig nicht mehr erwünscht ist.

Blaue Farbenbestrahlungstafeln vertreiben die Fliegen und halten Nahrungsmittel länger frisch.

In der heutigen Zeit, da jede Hausfrau bedacht sein muß, nichts umkommen zu lassen und alles zu verwerten, was gebraucht werden kann, ist es doppelt angebracht, auf Naturkräfte hinzuweisen, die wir unserem Körper in jeder Beziehung dienstbar und nutzbar machen können und die zudem nicht einmal etwas zu kosten brauchen, da sie uns von der segenbringenden Kraftspenderin Sonne kostenlos verschafft werden (durch ihre Farbenübertragung in unsere Nahrung).

Farben sind lebendige Kräfte und können uns vielseitigen Nutzen darbieten, wenn wir es verstehen, sie zweckentsprechend und sinngemäß zu gebrauchen und anzuwenden:

Rot in Kirschen, Erdbeeren, Johannisbeeren, Himbeeren, roten Rüben, roten Radieschen, roten Trauben, roten Äpfeln, roten Pflaumen, rotem Pfeffer.

Gelblich-Rot in Tomaten und Mohrrüben, Orange in Orangen.

Gelb in Zitronen, Erbsen, Eigelb, Butter, Eierpflaumen, Bananen, gelben Trauben, gelben Äpfeln, gelben Birnen, Safran.

Grün in allen grünen Salaten, allen grünen Gemüsen, allen grünen Früchten.

Blau in Blaubeeren, Zwetschgen, Brombeeren, Blaukohl, blauen Trauben, Mohn u. a. m.

In Krankheitsfällen ist Farbenessen besonders wichtig, aber nur in ungekochtem Zustande, denn die Natur zeigt uns, daß die Farbe durch Kochen verloren geht, mithin auch ihre Kräfte. Künstliche Zutaten, die Farben auch durch Kochen zu erhalten, sind eher schädlich als nützlich.

Die Natur gibt uns selbst an, in welchen Fällen wir die verschiedenen Farben anwenden sollen. Blau und Blaugrün sind zum Beispiel die Gegenpolfarben von Rot, Orange und Gelb. Sie besitzen also auch die Ergänzungskräfte. Bei allen fieberartigen Erscheinungen, bei Blutandrang, bei jeder Krankheit, die Hitze als Begleiterscheinung hat, die uns die Natur durch Rötung als Warnsignal anzeigt, gebraucht man die kalten, hemmenden Farben Blau, Blauviolett, Blaugrün. Erkältungserscheinungen, Frost, Blutstockungen und dergleichen Krankheiten, welche sich uns durch blaue Farbtönung kundgeben, begegnet man mit Farbenkräften, welche die roten, orangen und gelben Farben erzeugen.

Die günstige Wirkung des Farbenessens durch pflanzliche Rohkostnahrung kann noch verstärkt werden, indem man diese Lebensmittel mit ihrer Eigenfarbe bestrahlt. Geschieht dies durch Sonnenlichtquelle, genügen ca. 15 Minuten, durch elektrische Lichtquelle ca. 30 Minuten. Bestrahlte Rohkostspeisen sollen gleich nach der Bestrahlung genossen werden.

Farbenessen wird auch unterstützt durch Farbentrinken. Zu diesem Zweck nimmt man ein Glas Wasser, legt die zu verwendende Farbe (Zellglastafel) darüber und läßt die Farbenstrahlen (durch die Sonne oder durch elektrisches Licht erzeugt) in das Wasser leiten, ebenfalls 15 bis 30 Minuten lang. Auch das bestrahlte Wasser wird gleich anschließend getrunken, am besten morgens vor und abends nach der Mahlzeit.

Von hervorragender Wirkung ist ein Farben-Sonnenbad oder farbige Bestrahlung durch künstliche Lichtquellen. Farbige Zellglastafeln kann man direkt auf die kranke Stelle des Körpers legen, ausgenommen auf offene Wunden. Sie schaden der Haut nicht. Die Tafeln kann man aber auch an das Fenster oder an eine elektrische Lichtquelle befestigen, nur muß in letzterem Falle immer so viel Zwischenraum sein, daß das Zellglas von der elektrischen Birne nicht berührt werden kann.

Auch Farbensehen ist gleichzeitig sehr vorteilhaft während der Körperbestrahlung. Man nimmt eine zweite oder dritte Farbtafel vor die Augen und betrachtet die Umgebung in dieser Farbe. Das Farbensehen beeinflußt die Nerven besonders günstig. Bei Nervosität und bei Schlaflosigkeit hat sich kräftige Blaubestrahlung (durch Verstärkungszellglastafel mittels sehr schwacher Lichtquelle durch Nachttischlampe) auf das Gesicht, auch während des Schlafens, als sehr erfolgreich gezeigt. Es ist noch zu erwähnen, daß man auch ein Wannenbad farbig bestrahlen kann, um auch auf diese Weise von den Kräften der Farben zu profitieren. Wasser nimmt derartige Energien besonders gerne auf und leitet sie weiter.

Farbige Zellglastafeln gibt es in Rot, Orange, Gelb, Grün und Blau. Die Zwischenfarben stellt man sich mit diesen Tafeln selbst her:

1 blaue Tafel, darüber gelegt 1 rote Tafel, gibt ein prächtiges Purpurrot.

2 blaue Tafeln und 1 rote Tafel zeigt ein tiefes Blauviolett.

1 blaue Tafel und 1 grüne Tafel geben Türkisblau.

1 blaue Tafel und 2 grüne Tafeln zeigen ein kräftiges Grün.

1 grüne Tafel und 2 gelbe Tafeln zeigen ein schönes Gelbgrün.

3 gelbe Tafeln und 1 rote Tafel zeigen Rotorange.

2 gelbe Tafeln und 1 orange Tafel zeigen Gelborange usw.

Farbenessen, Farbentrinken, Farbenbaden, Farbensehen, Farbenbestrahlung erhält die Gesundheit und stellt sie im Krankheitsfalle wieder her.

Sehr aufschlußreich und zugleich von praktischer Bedeutung sind die Angaben des Chromotherapeuten Hans Wölfle:

Die Dauer der Farblichtbestrahlung soll anfänglich nicht mehr als ca. 15 Minuten betragen. Nach einigen Bestrahlungen kann sie auf 30 bis 60 Minuten ausgedehnt werden. Wiederholungen an einem Tage beliebig, wenn zwischen zwei Bestrahlungen eine Pause von etwa einer Stunde eingeschaltet wird.

Die Entfernung der Farblichtlampe von der Haut des erkrankten Körperteils hat ca. 10 bis 20 cm zu betragen, je nach der Empfindlichkeit des Patienten. In der Regel werden mit der Lampe nur einzelne Körperteile bestrahlt. Wer indessen Wert auf Ganzbestrahlung legt, bestrahlt kräftig die einzelnen Körperteile nacheinander und kommt damit auch zum Ziel.

Es wird empfohlen, die Bestrahlungen dadurch zu unterstützen, daß man zweimal täglich ein Glas Wasser trinkt, das mit der verordneten Farbe belichtet war. Belichtungsdauer ca. 15 Minuten.

Auf kosmetischem Gebiet leistet die Farblichtbestrahlung Hervorragendes bei blasser Hautfarbe, unreinem Teint und bei Haarausfall (Rotbestrahlung).

Wölfles Farbheilanweisungen lauten wie folgt:

Krankheit	Farbe	Minuten	Bemerkungen
Abmagerung	rot/grün	30	Magengegend wechselweise bestrahlen
Absterben der Glieder	rot	60	beliebig oft
Abszesse	blau	60	sobald eiterfrei, mit rot
Alpdrücken	rot	60	Magengegend
Appetitlosigkeit	rot/gelb	60	Magengegend wechselweise bestrahlen
Art. Verkalkg. d. Herzgeg.	blau	60	2 × tägl. Herzgegend
Art. Verkalkg. d. Gehirns	blau	60	2 × tägl. Hirngegend

Krankheit	Farbe	Minuten	Bemerkungen
Asthma	grün/rot	60	Brust und Schulter
Augenentzündung	blau	30	bei geschlossenen Augen
Ausschlag	rot	60	2 × täglich
Bartflechten	blau/rot	60	2 × täglich
Beinleiden	blau/rot	60	2 × täglich, erst wenn eiterfrei mit rot
Bleichsucht	rot	60	3 × tägl. Ganzbestr. sehr förderlich
Blutandrang	blau	60	3 × täglich
Bronchialkatarrh	grün	60	Brust und Rücken
Darmkatarrh	gelb	60	2 × täglich, Diät
Eiterungen	blau	60	2 × täglich
Epilepsie	gelb/rot?	60	v. d. Schlafengehen, Farblicht.
Fettsucht	blau	60	blaue Schwitzbäder, sehr förderlich u. unschädlich
Flechten	rot	60	2 × täglich
Gelenkentzündung	grün	30	3 × täglich
Gemütsleiden	rot	30	Ganzbestrahlungen
Gicht	grün	60	2 × täglich
Haarausfall	rot	30	2 × täglich
Hämorrhoiden	blau	60	2 × tägl., gelb auf Unterleib, Stuhl regeln!
Hautleiden	rot	60	beliebig oft
Herzleiden	blau	30	bl. Ganzbestr. sehr förderl.
Hexenschuß	rot/grün	30	2 × täglich
Ischias	rot/grün	30	2 × täglich
Kehlkopfleiden	rot	30	beliebig oft
Keuchhusten	grün	30	3 × täglich
Knochenhautentzündung	blau	30	2 × täglich
Kopfschmerzen	blau	60	beliebig, Grundursache ermitteln u. bekämpfen
Kropf	blau	60	beliebig oft
Lähmung d. Glieder	rot	60	beliebig oft
Leberleiden	gelb	60	2 × täglich
Magenkatarrh	gelb	30	3 × täglich bei Schmerzen Blaulicht
Masern	rot	60	2 × täglich Krankenzimmer mit roten Tüchern abblenden. Noch besser ist, den Patienten in rote Tücher einwickeln
Nasenentzündung	blau	30	2 × täglich
Nervenleiden	grün	60	2 × tägl. Rücken u. Magengegend
Nierenleiden	blau	30	3 × täglich
Ohrenleiden	grün/blau	30	3 × täglich. Bei schweren Fällen Facharzt nötig

Krankheit	Farbe	Minuten	Bemerkungen
Rheumatismus	blau	60	beliebig oft, Ganzbestrahlung nötig
Rückenschmerzen	blau/grün	60	2 × täglich
Rippenfellentzündung	grün/rot	30	2 × täglich
Scharlach	rot	30	2 × täglich Krankenzimmer mit roten Tüchern abblenden. Patient in rote Tücher einwickeln.)
Schlaflosigkeit	blau	30	Ganzbestr., blaue Tapete, blaue Beleuchtung, Darmreinigung, Tiefatmen. (Diese Angab. sind ausgezeichnet.) Bei Herzklopfen oder kalt. Füßen ist außerdem Rotbestr. d. Füße, besond. d. Fußsohlen, sehr gut.
Schnupfen	blau	30	verschwindet nach einigen Bestrahlg. (D. P. G. nimmt Rotstrahlung)
Warzen	blau	30	Verschwinden nach mehreren Bestrahlungen
Wassersucht	grün/blau	30	beliebig oft. Herz u. Nieren werden günstig beeinflußt
Wunden, frische	rot	30	3 × täglich
Wunde, entzündete	rot	30	3 × täglich
Wunden, chronische	blau/grün	30	sobald eiterfrei, mit rot
Zahnschmerzen	blau		kürzere Bestrahlungen lassen den Schmerz rasch verschwinden.

Schmerzen aller Art, auch Koliken und Neuralgien, werden immer mit Blaulicht beseitigt.

Diese Angaben von Wölfle haben sicher schon manchem Leidenden wertvolle Dienste geleistet. Bei der Behandlungsangabe für Epileptiker dürfte ihm ein Fehler unterlaufen sein, denn in seiner Arbeit »Licht und Farben« schreibt er richtig: »Auf Epileptiker üben die verschiedenen Farben eine bevorzugte, gute Wirkung aus derart, daß die Anzeichen eines hereinbrechenden Anfalles beim Aufenthalt in einem blaufarbigen Raum rasch zurückgehen, um schließlich überhaupt nicht mehr aufzutreten.« Sehr richtig sagt er, daß »die Heilkraft der Farben keineswegs nur an das Farbglas (Farbenbestrahlung) gebunden ist; auch Mineralfarben, Stoffe, Tapeten und Teppiche stärken und heilen durch ihre Farbwirkungen. Das Arbeiten in einem gelb tapezierten Zimmer wird immer in heiterer Stimmung erfolgen. Der Aufenthalt in einem blauen Raum wirkt beruhigend und macht schläfrig, während ein rotes Zimmer belebt, aufpeitscht und reizbar macht.« Hieraus wollen wir lernen, Nervöse und Schlaflose durch Blau- und Grünlicht-Farbenspender zu beeinflussen, Melancholiker dagegen in rote Räume oder in orange- oder gelbfarbige Zimmer zu bringen, in denen sie munter und gesprächig werden. Das Temperament des Patienten ist in jedem Falle zu berücksichtigen.

Der Leipziger Arzt Dr. Peters wies darauf hin, daß das Blattgrün (Chlorophyll genannt), das in jeder Pflanze vorhanden ist, dem menschlichen Körper durch Verhinderung der Ablagerung von Degenerationsstoffen, bis ins hohe Alter hinein, die Jugendkraft zu erhalten imstande ist. Es hat sich gezeigt, daß ausgezogenes Blattgrün viel rascher und schneller vom Körper aufgenommen wird als das in Gemüsen und Salaten vorhandene Blattgrün, weil das Letzte noch in den Geweben eingeschlossen ist und darum auch nur ganz bedingt zur Wirksamkeit kommen kann. Wird dieser Naturstoff, das ausgezogene Blattgrün, dem Körper zugeführt, so wird der natürliche Prozeß des Alterns aufgehalten. Das Problem des Verjüngens ist damit im wesentlichen als gelöst anzusehen.

Wie berichtet wird, bekämpft Dr. Gordonoff mit diesem Mittel den schlimmsten Feind des alternden Menschen, die Arterienverkalkung. Das tägliche, schluckweise Einnehmen von ausgepreßtem Blattgrün dürfte auch ein gutes Mittel gegen Gicht sein. Bei Grippe, Influenza und Rheuma wirkt Grün in vorteilhafter Weise mildernd und heilend.

Alles Sprießende ist grün, so wird auch alles Wachstum und die Ernährung dem Grün zugeordnet, grüne Rohkost sollte täglich speziell auch von Kindern gegessen werden. Grün entsteht aus einer kalten Farbe, dem Blau, und aus einer warmen Farbe, dem Gelb. Dem Grün fehlt das Rot vollständig. Grün hat, entsprechend dem Ausgleich von blau und gelb, keine Tiefenwirkung, wie das Rot. Es bringt daher Erregungen auch rein körperlicher Art in einen ruhigen Rhythmus. Sehr wohltuend ist es bei Augenstörungen, Sehfehlern u. a.

Das Tragen von grünen Brillen erzeugt eine gewisse in-

nere Ruhe, die bei heiteren Tönungen, z. B. Maigrün (gelb-
liches Grün), lebensvoll und aktiv ist, während die tieferen,
neutraleren Grünfärbungen mehr eine gefühlvolle passive
Beschaulichkeit erzielen. Wir wissen, daß z. B. Napoleon I.
mit Vorliebe einen grünen Rock trug, dessen er sehr zum
Ausgleich seines feurigen Wesens bedurfte. Die positiven
Einflüsse des gelben Grün dagegen beziehen sich vorwie-
gend auf das vegetative Nervensystem, das sogenannte
»Sonnengeflecht«, das alle Ernährungs- und mechanischen
Bewegungsvorgänge im Körper regelt, auch während des
Schlafens. Jede Magen- und Darmtätigkeit gehört also unter
die Funktion des Grün, ebenso die Speiseröhre, die Schleim-
häute, die Absonderung der Drüsen etc.

Das Sehen von Grün ist überall da von Wert, wo die
blauen Farben als zu stark empfunden werden. Grün gibt
eine wohlige Ruhe und ist in seinen gelben Tönungen den
Melancholikern und Hypochondern von Vorteil. Grün führt
eine schnelle Entspannung herbei, es wirkt immer ausglei-
chend, immer sanft. Es wird, wie Goethe sagt: »als reale
Befriedigung empfunden.«

Grüne Bestrahlung wirkt mildernd auf Entzündungen,
Verbrennungen und Wunden. Sie wirkt ebenso günstig bei
akuten nervösen Störungen, Nervenüberreizung oder bei
seelischen Erschütterungen, bei Hast und Übereilung.

Es ist eine bekannte Tatsache, daß manche Menschen Farben nicht wahrnehmen können oder nur sehr schwer unterscheiden und daher verwechseln und von Farben überhaupt nichts wissen wollen. Man spricht von vollständig Farbenblinden, welche unheilbar sind, und von teilweise Farbenblinden, von den sogenannten Blau-Gelb-Blinden und den Rot-Grün-Blinden.

Bei der totalen Farbenblindheit erscheint das Spektrum farblos, es werden nur Helligkeitsunterschiede in Grau gemacht, bei Grün ist es am hellsten, und wird nach beiden Seiten dunkler. Bei der Blau-Gelb-Blindheit besteht das Spektrum nur aus den Farben rot und grün, die blauviolette Seite ist stark verkürzt bzw. dunkel. Der Rot-Blinde, vielmehr Rot-Grün-Farbenblinde dagegen, empfindet im Spektrum nur die Farben Gelb und Blau, die Empfindung für Rot und Grün fehlt. Das Gelb im Spektrum kommt bei ihm direkt nach dem Blau. Die rote Seite erscheint bei ihm ungefärbt oder dunkel.

Farbenblindheit kann sehr unangenehme Folgen haben, besonders für Fahrer, Flieger, Angestellte im Eisenbahndienst oder auf Schiffen, sowie für alle, die in Berufen stehen, wo das Erkennen farbiger Signale erforderlich ist. Aber auch im täglichen Leben kann Farbenblindheit für jeden Betroffenen von großem Nachteil sein.

Es ist nachgewiesen worden, daß durch Erschütterung des Nervensystems Grünblindheit entstehen kann. Weiße Gegenstände erscheinen dann purpur-rosa gefärbt. Charles Pierre teilte mit, daß diese Wirkungen auf das Sehvermögen vorübergehend sein kann.

Ein neapolitanischer Arzt, Dr. Denitte, sagte uns eines Tages bei einem Studienaufenthalt in München, daß ihm die farbigen Glasfenster in dem Hause, in dem er wohnte, manchmal irritierten, hingegen täten sie ihm wohl, wenn er nicht überreizt sei. Namentlich sei dies bei einem gewissen Blau der Fall, im allgemeinen taten ihm starke Farben nicht wohl, lichtere Farben zog er vor.

Weiter berichtete Dr. Denitte: »Meine Frau war im Krankenhause und am Tage der Operation sagte ich ihr: ›Nicht wahr, das Grün dieser Glühbirne hat dir doch gut getan?‹ Meine Frau antwortete: ›Ich habe diese Birne die ganze Nacht in Rot gesehn, jetzt sehe ich allerdings, daß diese Birne grün ist.‹«

Eine andere Frau, welche am Gardasee an Typhus erkrankt war, sah nach ihrer Genesung am Anfang alles gelb, und glaubte alles sei gelb angestrichen. Der Schwächezustand des Körpers hatte die Farbenempfindung stark beeinträchtigt, sie kam erst viel später allmählich wieder zurück.

Unser damaliger künstlerischer Beirat der Farbenforschungsgesellschaft, Herr Karl Koch, beobachtete, daß man bei Erschöpfungszuständen, bei jeder faden und gedämpften Farbe oder bei Grau und bei Schwachrosa etc. weitere Bedrückung empfindet, man fällt sozusagen um. Bei ganz kräftigen Farben hingegen ergab sich im ersten Augenblick eine ermattende Wirkung, danach aber eine schnelle Erholung. So bei Purpur-Rot und ganz kräftigem Lapislazuli-Blau.

Für Farbenforscher sind solche Vorgänge von größter Bedeutung, da solche Kranke an Stelle von der Stammfarbe in vielen Fällen die mitschwingende, oder nachklingende Farbe, wahrnehmen.

Farbenblindheit vererbt sich häufig. Beim weiblichen Geschlecht, das einen weit ausgeprägteren Farbensinn hat, ist Farbenblindheit seltener. Es kann damit zusammenhängen, daß der Farbensinn der Frauen durch ihre farbige Kleidung

und durch ihre farbigen Beschäftigungen, auch mit Sticke-
reien, mehr gepflegt wird.

Eine statistische Aufstellung von Herrn Seebeck ergab,
daß unter 41 Gymnasiasten, die untersucht wurden, 5 mit
Farbenblindheit behaftet waren. Dagegen konnte er bei seinen zahlreichen Untersuchungen nur einen einzigen Fall
feststellen, daß eine Frau farbenblind war.

Oftmals wissen diese Personen es jahrelang nicht, daß sie
farbenblind sind. Es gab und gibt unter anderem eine Reihe
von Kunst- und Dekorationsmalern, die teilweise farbenblind sind, ohne daß sie ihren Mangel selbst fühlen und bei
denen es nur anhand von koloristischer Einseitigkeit festgestellt wurde.

Auch Herrn Seebeck waren mehrere solcher Fälle bekannt.
Er berichtete von einem Physiker, dessen Farbblindheit, die
er jahrelang nicht kannte, bei seinen Arbeiten und Forschungen zu Irrungen führte, die er aber immer auf eine verschiedene Farbennennung zurückführen wollte. Das Wirken dieser Personen ist durch das Nichtsehen verschiedener Farben
sehr eingeengt und irreführend. Von Wilhelm Ostwald, der
bekanntlich eine Farbenlehre herausgab, wird behauptet,
daß er kein Purpurrot sah. An seinen ersten Farbenkreisen
ist dieser Mangel deutlich zu bemerken, da die purpurroten
Nuancen vollständig fehlen. Erst später wurde er darauf
aufmerksam gemacht und fügte die purpurrote Farbe hinzu.

Man kann auch einen Zustand von künstlicher (Farben-
zustand) Farbenblindheit durch folgendes Experiment her-
beiführen: Wird in der Flamme eines Bunsenbrenners eine
geringe Menge kohlensaures Natron verbrannt, so erhält
man ein reines homogenes Licht, das orangegelb gefärbt ist.
Dieses Licht reicht aus, um in einem dunklen Raum die Gegenstände zu erleuchten, die Farben aber an den Gegen-
ständen sind nicht erkennbar. Man kann an diesen nur

Licht und Schatten unterscheiden. So hat zum Beispiel in der Natur die rote Rose gleiche Färbung mit ihren Blättern, und selbst die lebhaftesten Farben, mit denen zum Beispiel Papierstreifen bestrichen sind, erkennt das Auge als Schwarz, Weiß oder Grau. Es zeigt sich auch nicht das leichteste Merkmal, woran sich eine Farbe erkennen ließe. Am unangenehmsten wirkt in dieser Beleuchtung das menschliche Gesicht. Wird dann ein gewöhnlicher Gasbrenner neben der Flamme (Natriumflamme) angezündet, und zwar zuerst mit ganz kleiner Flamme, so kommen die natürlichen Farben der Gegenstände wieder einigermaßen zum Vorschein. Wird die Flamme größer geschraubt, so tritt allmählich eine tiefere Färbung hervor, bis endlich die Gegenstände in natürlichen Farben erkennbar sind.

Ein anderes künstliches Mittel, sich des Farbensinns zu berauben, ist das Santenin, welches der wichtigste Bestandteil des sogenannten Wurmsamens ist. Durch Genuß dieses Mittels, der übrigens Schwindel und Kopfweh zur Folge hat, gerät man in einen außergewöhnlichen, ganz eigentümlichen Zustand, den man als Santenin-Rausch bezeichnen kann. In diesem Zustande erblickt man alle Gegenstände nur in den Farben gelb und violett.

Es ist nicht schwer, sich annähernd ein Bild von dem Zustand der Farbenblindheit zu machen, wenn man ein farbiges Glas vor die Augen hält, sofort ist man den sonderbarsten Verwechslungen ausgesetzt.

Die Zahl der Farbenblinden ist in den einzelnen Ländern ganz verschieden. Einen besonders hohen Prozentsatz weist England auf, wo auf 18 Personen mit normalem Farbensinn eine Person fällt, die mit mangelhaftem Farbensinn zu bezeichnen ist.

Bisher war die Ansicht verbreitet, Farbenblindheit sei unheilbar, und müßte als Schicksal hingenommen werden.

Während meiner Lehrtätigkeit an den Akademien in Oslo und Bergen in Norwegen konnte ich feststellen, daß Farbenblindheit durch spektralanalytische Übungen in manchen Fällen gebessert und sogar geheilt werden konnte. Wenn nicht vererbt, so beruht Farbenblindheit oft nur auf geschwächtem Farben-Augensinn. Werden die Augennerven durch tägliche Übungen gekräftigt, so verschwindet ganz automatisch die Farbenblindheit.

Jeder Sportsmann weiß, daß seine Glieder und Muskeln geschwächt werden und sportlichen Anforderungen nicht mehr gewachsen sind, wenn er sie nicht trainiert. Ein schwacher Muskelsinn kann keine Höchstleistungen vollbringen, ebensowenig wie ein ungeschultes, vernachlässigtes Gehör Kunstleistungen in der Musik zustande bringt, und ebensowenig wird ein für Farbenreize vernachlässigtes Auge auf die schönsten Farbenzusammenstellungen reagieren, ja, es wird für gewisse Farbennuancen nicht einmal aufnahmefähig sein.

Die kräftigsten, schönsten, reinsten und vor allem leuchtendsten Farben zeigt an bestimmten Übungen das Prisma. Augen, die nicht an prismatische Übungen gewöhnt sind, ermüden sehr schnell. Aber nach einigen Tagen merkt man schon, wie sich die Augen kräftigen, viel mehr und viel besser Farbennuancen unterscheiden und sich im täglichen Leben an jeder kräftigen und schönen Farbe erfreuen. Viele meiner Schüler behaupteten sogar, daß sie nicht nur Farbenfrohsinn erringen konnten, sondern ihre gesamte Lebensfreude nahm einen gewaltigen Aufschwung, seitdem sie durch die Übungen ihren Farbensinn geweckt und gestärkt hatten.

An phlegmatischen, gedankenlosen Kindern konnte ich feststellen, daß sie allmählich an den Farbenübungen großes Interesse zeigten. Sie wurden dadurch nicht nur aufgeweckter, sondern konzentrierter, aufmerksamer und ihr Gedächtnis stärkte sich zusehends, das sich auf die anderen Lehrfächer ebenso günstig ausgewirkt hat.

Es war so, als ob in ihrem Köpfchen sich etwas löste, das vorher brach lag und sich verkrampfte. Dies wurde mir auch von teilweise Farbenblinden bestätigt, deren verkrampfte Augen lebendiger und aufnahmefähiger wurden. Sie sahen plötzlich Farben und konnten diese durch prismatische Übungen unterscheiden, was sie früher nie erreichen konnten.

Ein und dieselbe ständige Farbengebung an Kunstwerken der Kunstmaler und Kunstgewerbler nannte man früher: »Manie«. Heute kann man mit ziemlicher Sicherheit feststellen, daß teilweise die Farbenblindheit Ursache ist, was sich an Hand spektralanalytischer Experimente sofort beweisen läßt. Die Künstler selbst wußten es nicht und wollten es anfangs nicht glauben. Sie waren dann sehr erstaunt, wenn sie überführt wurden und sie sich von der Wahrheit selbst überzeugen konnten.

Ich kannte einen Kunstkritiker, der die schönsten Farbeneffekte schlecht beurteilte, weil er teilweise farbenblind war und eine Leere empfand, wo andere von der Farbenschönheit hell begeistert waren. Ein Lehrer z. B. aus der Dekorationsmalerei, der jede Farbe, außer grün, besonders aber die gelbe Farbe bekämpfte, und behauptete: »Jede grelle und starke Farbe wäre für das Auge schmerzhaft.«

Da er aber selbst keine kräftigen Farben vertrug, glaubte er, sie wären für jedes Auge schädlich. Solche Meinungen wurden vor 40 Jahren öfters vertreten. Alle Innenräume wurden in grau oder grün ausgemalt. Dieses System lehrte dieser zuständige Fachmann seinen Schülern. Auch unser Dekorationsmaler gab solche Anordnungen, bis er durch prismatische Übungen überzeugt und geheilt werden konnte.

Binnen einem Jahr konnte er seine Farbenschwäche beseitigen. Sein Farbensinn war so schwach entwickelt, daß nur für ihn eigens abgestimmte Übungen eine Besserung erzielten. Allerdings übte unser Fachmann täglich gewissenhaft und war dann nach einem Jahr so weit, daß er seinen Schülern nicht wie bisher grün und grau empfahl, sondern sie für leuchtende, schöne und reine Farben begeisterte. In seinem Haus, so gab er bekannt, befindet sich kein grüner und kein grauer Raum mehr. Jetzt erst fühlt er sich wie neu geboren in seinen sonnenscheingelben Räumen. Das Farbempfinden ist dem feinen Tonempfinden gleich. Sind die Sinnesorgane nicht schadhaft, sondern aufnahmefähig, so kann man Farbenblindheit durch zweckentsprechende Übungen mit Farbtafeln und dem Prisma bekämpfen.

Die Heilkraft des Lichts ist allgemein bekannt, weniger aber die der Farben, obwohl die Farben doch nur einzelne Aspekte des Lichts sind. Um so beachtlicher sind die Ergebnisse wissenschaftlicher Untersuchung der heilenden Kräfte der Farben, über die manche neue interessante Berichte vorliegen.

Farben sind lebendige Kräfte, Quellen der Gesundung und Stärkung, wenn wir sie uns nur richtig dienstbar machen. Vermittels der Farben können wir aus der umgebenden Natur lebengebende, harmonisierende Energien herausholen.

Dr. Falkenberg bringt in einer Behandlung von zirka 10 bis 15 Minuten Hunderte von Millionen Vibrationen in den Körper. Feinste elektrische Wellen durchziehen ihn mit Blitzesschnelle, fluten hin und her, rütteln auf, putzen aus, beleben, verjüngen. Der von geistiger oder körperlicher Arbeit ermattete Mensch holt sich auf diese Weise schneller neue Kräfte aus der ihn umgebenden, mit Kraftströmen durchfluteten Welt. Krankheitskeime können leichter vernichtet werden. Eine Ozonisierung vollzieht sich im Körper. Wasser, durch das wir Hochfrequenzströme hindurchjagen, wird dadurch übrigens keimfrei und trinkbar.

Einer der verdienstvollsten Vorkämpfer der modernen Farben-Therapie, der Leiter der Münchner Wissenschaftlichen Gesellschaft für Hochfrequenz- und Lichtforschung, Ewald Paul, berichtet: »Wir haben mit Licht und Farben sehr viele Versuche am menschlichen Auge gemacht und sind dabei zu mancherlei neuen Erkenntnissen gekommen. Das Sehen ist ein sehr verwickelter Vorgang, um dessen Aufdeckung der menschliche Geist schon lange sich plagt.« Ein anderer tüchtiger Forscher auf diesem Gebiet, Dr. F. W.

Fröhlich, gelangte bei seinen Untersuchungen über die elektrischen Erscheinungen am Cephalopodenauge zu interessanten Schlüssen. Form und Häufigkeit der im Auge bei Belichtung sich abspielenden elektrischen Stromschwankungen sind ihm der Unterbau. Der Netzhaut obliegt es, diese Stromschwankungen hervorzurufen, die von uns als Licht oder Farben bewertet werden. Jedem Helligkeitsgrad entspricht im Auge eine bestimmte Reizhäufigkeit. Jedes Farblicht erzeugt Ströme anderer Schwingungshäufigkeit. Rot bringt Ströme geringster Oszillationsfrequenz hervor (rot hat die längsten Wellen und kleinste Schwingungszahl), violett solche größter Frequenz (violett hat die kürzesten Wellen und größte Schwingungszahl).

Auch die Energie der Oszillationen ist verschieden. Die elektromagnetische Kraft ist z. B. bei gleicher Reizstärke beim violetten Licht größer als beim Grün. Dazu kommt die verschiedene Aufnahmefähigkeit der Netzhaut. Wir haben also drei Dinge, die zusammenwirken: die Häufigkeit der Oszillationen, den Energiewert und die Absorption. Diese Faktoren bestimmen die Wirkung des Farblichts. Ewald Paul berichtet ergänzend: »Das milde Blau tut dem vom grellen großstädtischen Lichtgetriebe überreizten Auge wohl, nicht aber das unruhige Violett. Bei abgearbeiteten Menschen hat eine blaue Fensterscheibe oder ein blaues Lämpchen schon Wunder gewirkt. Sehr schön wirken auch Lampenschirme, auf denen neben diesem zarten Blau ein ebenso leichtes Gelb zur Geltung kommt. Man muß das erprobt haben, um darüber ein Urteil fällen zu können. Es liegt nahe, daß auch die feineren Schwingungen bei der Hochfrequenz-Behandlung dem Auge nutzbar zu machen sind. Vergessen wir nicht, daß es sich hierbei um ganz schwache Reize handelt. Unser Fachmann spricht von 210 Millionen Schwingungen in der Sekunde und stützt sich dabei auf die Experimente, die in der

Technischen Versuchsanstalt zu Nürnberg gemacht wurden. Nun leuchtet es ein, daß man unter gewissen Verhältnissen das Auge mit allergrößter Vorsicht behandeln muß, wenn dieses zarte Organ an und für sich schwer erkrankt ist.

Einer unserer Mitarbeiter, Ing. Bub, machte mit einem Augenarzt Versuche bei grünem Star. Er teilt mit, daß ihnen Heilung von 5 Fällen dieser bösen, meist als unheilbar geltenden Krankheit geglückt sei. Die kleinsten Anreize sind oft die bestwirkenden. Ich selbst behandelte einen an Glaukom (grünem Star) erblindeten Doktor zunächst ableitend mit sanfter Hochfrequenzmassage der um die Augen liegenden Partien, Schläfen, Wangen, Stirn. Der Mann, der zumal im linken Auge über schweres Druckgefühl klagte, verlor dasselbe nach wenigen Minuten der Behandlung, was für die prächtige Wirkung dieser Feinströme spricht: »Mein inneres Sehen wird besser, ich komme in harmonische Stimmung« sagte er. Wir sehen, daß wir hier vor großen Dingen, vor dem Ausbau einer neuen Therapie stehen.«

Von den Heilerfolgen mit Farbstrahlen berichtet Ewald Paul noch Folgendes: »Ein Wasserbauinspektor aus Köln kam mit Hexenschuß zu uns. In 20 Minuten Behandlung verschwand das Leiden. — Ein junger Arzt hatte Bronchialgrippe in heftiger Form, das Fieber nahm bei der ersten Behandlung um 2 Grad ab, Augen und Brust wurden freier, der Kopfdruck verschwand, und nach vier Behandlungen war der Mann gesund. — Auch schwere Herzanfälle und beginnende Arterienverkalkung ließen sich durch Wechselströme günstig beeinflussen.

Eine englische Farbenforscherin, Miss Bright, kam zu mir und erklärte, daß sie meine Angaben über Licht- und Farbenwirkungen auf Menschen, Tiere und Pflanzen durch eine Reihe von Versuchen und Beobachtungen, die sie in England und Indien gemacht habe, bestätigt fand.«

Auch der Dresdner Farbenforscher Studienrat Max Starke berichtet uns über seine reichen Erfahrungen. Er hat unsere Winke bei Tieren erprobt und schöne Erfolge erzielt. Sehr unruhige Pferde, die sich in den Stallungen öfters losrissen, wurden ruhig, als er blaue Gelatine um die Glühbirnen beziehungsweise Stehlampen legte. Bei violett wurden die Tiere so ruhig, daß sie sich sogar hinlegten. Hingegen machte sie orange sehr unruhig.

Der Praktiker Louen in Gronau hat für die Buntlichtheilweise ein eigenes Schema aufgestellt: Als günstig gibt er goldgelb und dunkelgelb an. Für Zirkulation der Körperflüssigkeiten, Verflüssigung und Assimilation der Nahrung, Verdauung, Ausscheidung usw., dienen ihm ein silbriges Weißgrau im Wechsel mit hellgrün oder orange. Bei funktionellen Störungen im zentralen und peripheren Nervensystem, bei Psychosen und Neurosen gebraucht er gelb im Wechsel mit rot und blauviolett. Für Nieren, Hals, Rachen, Blutschwäche usw. verwendet er blau im Wechsel mit grün und orange. — Galle und Zellgewebe behandelt er mit hellrot im Wechsel mit purpur und hellblau. Zur Förderung physischer Kraft, namentlich im weiblichen Körper, für Leberwachstum, bei Diabetes und Harnsäure verwendet er purpurrot im Wechsel mit blau und hellgrün. Für Skelett, Knochen, Gelenke, bei Gicht, Rheumatismus usw. gelten nach ihm graublau im Wechsel mit grün und dunkelgelb.

Bei Schlafsucht, Betäubungszuständen, Vergiftungen, Geistesstörungen usw. empfiehlt er eine Mischung von hellgelb im Wechsel mit blauviolett und grün. Um auf das Zentralnervensystem und Rückenmark zu wirken, nimmt er hellrot und rotviolett im Wechsel. Seine Untersuchungen sind noch nicht abgeschlossen.

Ich selbst kann Gutes über unsere Hochfrequenzversuche berichten: sie üben eine ausgleichende Wirkung auf den

Blutkreislauf aus, setzen den krankhaften Blutdruck herab, machen Adern und Herz freier. Der italienische Lichttherapeut Dr. med. Ponza bewunderte die Wirkung dieser Therapie. Er wendet in schweren Fällen, z. B. bei hartnäckigen Gesichtsneuralgien, bipolare Behandlung an: eine Elektrode im Gesicht und eine im Nacken. In längstens einer halben Stunde ist das Übel wie weggeblasen.

Dr. Falkenberg ist noch weiter gegangen: er setzte farbige Elektroden ein. Durch Hinzunehmen der Farbenkräfte wird die Wirkung noch wunderbarer. Er erklärt: »Wir haben auch herrliche Farben in den Elektroden entstehen sehen, prächtiges Grün, Violett, ein Rot, wie ich es vordem nie sah.«

Professor Jafolla erprobte unsere Behandlung bei Brustabszessen mit tiefer Fistelbildung als sehr gut. Ebenso hat man Lupus auf diesem Wege geheilt. Herz- und Nervenkranken habe ich auf diesem Wege schon schöne und schnelle Hilfe bringen können. Ein sehr interessanter Fall bot sich mir aber bei einem Fall von schwerem veralteten Bronchialasthma, von dem ein hoher Geistlicher in vorgerücktem Alter befallen war. Gleich bei der ersten, etwa 15 Minuten währenden Behandlung, die nur die befallene Brustpartie betraf, bekam der Herr solchen Schleimauswurf, daß er verblüfft war. Nach zwei Behandlungen, die in einem Tage vorgenommen wurden, konnte er freier atmen und erhebliche Stärkung seines Herzens feststellen.

Die Bauchgefäße sind der wichtigste Faktor zur Regelung des Blutdruckes. Die Möglichkeit, den ganzen Körper durch feine Schwingungen vom Unterleibe aus zu beeinflussen, zeigte sich in breitestem Rahmen. Ich bringe durch Hochfrequenzbehandlung des Unterleibes mehr Leben in diesen, mehr Blut in die dem Säfteumlauf dienenden Blutgefäße des Unterleibes, erhöhe deren Aufnahmefähigkeit dafür und wirke folglich ableitend von den oberen Körperpartien, von Kopf und Brust.

Professor Notnagel wies darauf hin, daß die Kehlkopfschleimhaut blaß wird, wenn ein starker Reiz auf die Bauchdecken gelangt. In solchem Falle geht das Blut nach unten. So habe ich Augenkranken und solchen, die an Blutwallungen, hartnäckigen Kopfschmerzen und ähnlichem litten, nützen können.

Die Farben sind höchst wertvolle Naturkräfte, denen wir unsere besondere Aufmerksamkeit zuwenden müssen. Bisher kümmerte man sich wenig um das richtige Sehen der Farben, um ihre harmonischen Zusammenstellungen, ja überhaupt um ihre Gesetze.

Daß alle Naturkräfte nach denselben Gesetzen wirksam sind, bezweifelt heute niemand mehr. Auf dem Gebiete der Farben können wir die Harmonien und Disharmonien, die überall wiederkehren, ganz besonders gut kontrollieren. Darum gehört auch die Kenntnis der Harmoniegesetze der Farben zu dem Wichtigsten, was man wissen muß.

Man darf die Farben nicht als bloße Eigenschaft eines Dinges auffassen, sie nicht nur als Orientierungsmittel betrachten, sondern sollte mit ihrer Hilfe auch in der täglichen Umgebung das kosmische Harmoniegesetz verwirklichen.

Besonders lehrreich ist hier die Beobachtung der Natur und der Farbverteilung in ihr:

So hat z. B. das Grün eine ganze Reihe von Nuancen. Von der Sonne durchleuchtet, ist es ein gelbliches Grün, im Schatten ein bläuliches Grün. In der Natur begegnen wir fast nie gleichförmig farbigen Flächen, stets tritt Nuancenreichtum durch Helligkeitsunterschiede ein.

Derjenige, der Farben richtig sieht und erlebt, unterscheidet sich von dem, der an Farben gleichgültig vorbeisieht, nicht nur dadurch, daß er die Farben anders empfindet, sondern auch dadurch, daß er infolge seiner Aufmerksamkeit zu einem Empfindungsreichtum kommt, der dem anderen wegen seiner Nachlässigkeit verschlossen bleibt. Eine große Rolle spielt hier die Macht der Gewohnheit. So behaupten oft Stadtmenschen, die reinen prismatischen Farben in ihrer Wohnung nicht vertragen zu können. Bei ihnen muß alles

Farbenfreudige gedämpft oder gebrochen werden. In ihnen steckt noch die Farbenverachtung der letzten beiden Generationen, die nur graue und braune Töne mit entsetzlichen Tapetenmustern und ein rotes oder grünes Plüschsofa in ihren Wohnungen duldeten. Wer die Farben allerdings unter diesem Gesichtswinkel betrachtet, der hat kein oder nur ein geringes Erlebnisvermögen für die harmonisch abgestimmte Farbenpracht in der Natur.

Die Landbevölkerung dagegen war nicht farbenverachtend, sondern sehr farbenfreudig. Davon zeugen die malerischen Volkstrachten und die farbenfrohe Bauernkunst aus früherer Zeit, die zugleich die individuellen und nationalen Unterschiede in der Farbengebung deutlich aufdeckt.

Bei farbengeschichtlichen Studien sieht man, daß Kultureinflüsse in der Farbengebung zum Ausdruck kommen. Ernste Kulturepochen förderten einen anderen Farbengeschmack zutage wie z. B. die Zeit der Schäferspiele, in der himmelblau und rosa Ausdruck der Zierlichkeit und Anmut war.

Die Faktoren, die den Farbengeschmack bestimmten, unterlagen bisher der Mode. Um die Farbe ihrem wirklichen Werte nach zu erkennen, muß man sich von allen Modeerscheinungen freimachen. Nur ein Unverbildeter und Unbeeinflußter vermag die gefühlsmäßige Wirkung der Farben so instinktiv und direkt zu empfinden wie Temperatur- und Geschmacksempfindungen.

So kommen dieselben Eindrücke, wie wir sie bei Feuer oder Blut empfinden, nämlich warm und beweglich, durch deren Farbe rot zustande. Im Gegensatz hierzu entspricht das kühle, ruhige frische Blau dem Charakter des wolkenlosen, bewegungslosen Himmels.

Das Grün der Wiesen und Blätter übt eine andere Wirkung auf uns aus als rot und blau, und hiervon wiederum ganz verschieden wirkt gelb: eigenartig, leuchtend und froh-stimmend wie der Sonnenschein.

Farbenerlebnisse in naturschöner Landschaft bieten dem Sehgeschulten einen ästhetischen Genuß, der dem schöner Musik gleichzusetzen ist. Die Natur führt uns die verschiedenen Farbencharaktere deutlich vor Augen, sie lehrt uns richtiges Sehen, Erkennen und Erleben der Farbenwerte.

Wer die herrliche Wunderwelt der Farben in sich aufnimmt, bekommt nicht nur Einblick in die Harmoniegesetze des Weltalls, sondern erkennt auch die dringende Notwendigkeit und die großen Vorteile der Farbensehschulung. Einem im Farbensehen Ungeschulten geht das Beste und Schönste verloren, denn er sieht und erlebt nichts in der Natur, er geht gleichsam blind durchs Leben.

Mit Farbensehschulung sollte man schon bei Kindern beginnen. Mögen darum Eltern und Erzieher das ihrige dazu beitragen, der Jugend die Augen zu öffnen, daß auch sie richtig sehen lernt.

»Strahlen sind Energieträger, die von einem strahlenden Energiezentrum, der Sonne, einer Lichtquelle, einem Heizstrahler, als sichtbare oder unsichtbare Wellen ausgeschleudert werden«, sagte Dr. Max Saupe. Strahlen sind an sich weder Licht noch Wärme, sie werden erst Licht dadurch, daß sie in einem Lichtsinnesorgan wie unserem Auge unter Umsetzung ihrer Energie einen bestimmten chemischen Prozeß leisten. — Aus der strahlenden Energie ist chemische Energie geworden, die Strahlen sind verschwunden, sie wurden aufgesogen.

In gleicher Weise können Strahlen in andere Energieform umgewandelt werden, z. B. in Wärme. Grundsätzliche Bedingung für jede Strahlenwirkung ist Aufsaugung. Um nun festzustellen, welcher Strahlenbereich von einem menschlichen Körpergewebe aufgesogen wird, läßt man ein Strahlengemisch bekannter Wellenlängen in eine dünne Gewebsschicht eindringen und untersucht die Zusammensetzung der Strahlen, die das Gewebe wieder verlassen. Was nicht mehr herauskommt, muß wohl, abgesehen von den an der Oberfläche reflektierten Strahlen, innerhalb des Gewebes verschluckt, aufgesogen, d. h. energetisch umgewandelt worden sein.

Untersucht man so die verschiedenen Wellenbereiche des Sonnenlichts auf ihre Aufsaugung durch menschliche Gewebe, so zeigt sich, daß der Aufsaugungs-Teilbetrag um so größer wird, je kleiner die Wellenlänge der angewendeten Strahlen ist. Der kurzwellige Anteil der Sonnenstrahlen vom noch sichtbaren Blauviolett bis ins Ultraviolett, von ungefähr 300 Millimeter (noch kurzwelligere ultraviolette Strahlen sind im gewöhnlichen Sonnenlicht nicht vorhanden) wird bereits von den oberflächlichen Schichten der Haut weitgehend aufgesogen, wobei zu bemerken ist, daß die langwellige ultraviolette Strahlung immerhin bis in das Gebiet der haarfeinen Blutgefäße der Unterhaut vordringt. Die gelben und roten Strahlen des sichtbaren Sonnenspektrums dagegen und die anschließenden ultraroten, also die Wärmestrahlen, gelangen nach Maßgabe ihrer Wellenlänge und der Beschaffenheit der Haut erst in tieferen Schichten wärmebildend zur Wirkung. Diese Wärmewirkung hat eine Steigerung der in den betroffenen Geweben ablaufenden Stoffwechselvorgänge zur Folge. Während sich also diese Strahlen nur indirekt chemisch auswirken, greifen die kurzwelligen, vor allem die ultravioletten Strahlen, direkt verändernd in den Chemismus der Zelle und der Gewebe ein.

In der Haut befinden sich besonders farbstofftragende Zellen, die in den Dienst des Lichtschutzes treten können. Durch Sonnenbestrahlung oder Ultraviolett-Bestrahlung bräunt sich unsere Haut durch Vermehrung des Hautpigments. Mit der Farbstoffzunahme wird der Aufsaugungsanteil erhöht und damit ein größerer Strahlenschutz gewährleistet. Unter den vielen Gewebstoffen, die durch den Einfluß der Ultraviolett-Energie chemisch umgewandelt werden, verdient das Ergosterin, das im Gallenfett vorkommt, besondere Beachtung. Bei Bestrahlung geht das Ergosterin in das Vitamin D über. Das Vitamin D ist für das reguläre Knochenwachstum ein unentbehrlicher Wirkstoff, der mit dem Blut in den Körper transportiert wird.

Die anorganische Grundsubstanz der Knochen, Kalzium und Phosphor, kommen über das Blut zu den Knochenwachstumszonen, wo unter Wirkung des Vitamins D ein komplizierter Prozeß abläuft, durch den die chemisch gebundene Phosphorsäure verfügbar wird und das im Blut vorhandene Kalzium niederschlägt. Das Wachstum wird von dem Vitamin der Kalzium- und Phosphorgehalt des Blutes reguliert. Es ist klar, daß bei Mangel an diesem Reglerstoff vor allem zur Zeit des Knochenwachstums, schwere Ausfallserscheinungen auftreten müssen. Es entsteht Rachitis.

Diesen Wachstumsstrahlen hat Generaloberarzt Dr. Alexander Heermann in Kassel sein besonderes Forschungsinteresse gewidmet. Er teilt mit, daß Menschen, Tiere, Pflanzen und Kristalle Wachstums- und Hemmungsharmonie enthalten, zugleich auch alle Ströme, Strahlen, Farben, Mineralien, kurz alle Stoffe der Welt, Wachstums- und Hemmungsstrahlen in ihrer Wirkung auf die Innen- und auf die Außenwelt.

Dr. Heermann hatte die besten Erfolge mit seinen Weltallstrahlen, wie er sie nennt und sagt: »Wie alle elektrischen Apparate, mögen sie Bewegung, Licht, Magnetismus, Wärme erzeugen, haben gewisse Eigenschaften gemeinsam, ebenso sind auch in den verschiedenen Körpern, Stoffen, Organismen und Kräften, in welchen die Weltallstrahlen wirksam sind, Eigenschaften gemeinsam. Deshalb finden wir überall zwei Pole, positiv und negativ, männlich und weiblich, Aufbau und Abbau, Wachstum und Hemmung. Es ist begreiflich, daß ich beispielsweise Wachstumsstrahlen entstehen lassen kann aus grünem Licht.«

Mit grünem Licht, die kranke Stelle durch eine gewöhnliche elektrische Lampe oder durch die Morgensonne beleuchtet, behandelt Dr. Heermann Furunkeln, Kiefer-, Zahnfleisch-, Mandel-, Speicheldrüsen-, Leber-, Darm-, Nieren-Erkrankungen. Bemerkenswert ist, daß die Bestrahlungszeit überall sehr kurz ist, zwischen einigen Sekunden bis zu einer Minute schwankt.

»Das Leben verlangt beide Strahlenarten, Wachstum und Hemmung, aber im bestimmten Gleichgewicht. Es ist falsch, der Ultraviolett-Strahlung, welche Hemmung bedeutet, eine überragende Bedeutung zuzuerkennen, und führt oft zu schädlichen Anwendungen«, berichtet Dr. Heermann. »Die Verhältnisse sind viel verwickelter und verlangen Berücksichtigung nicht nur von Art, Zeit und Kraft der nötigen Strahlen. Es muß auch erwogen werden, daß Wachstumsstrahlen eine Hemmungsvorrichtung des Körpers auslösen können und damit eine verstärkte Hemmung und umgekehrt.

Zieht man von der erhobenen rechten Hand eine halbgelbe oder grüne Litze spiralig um einen Menschen, bis sie links vom linken Fuß auf dem Boden endet, so führt sie als Antenne die Hauchströme des Weltalls mit solcher Stärke, daß empfindliche Personen dieses nur kurze Zeit aushalten.

Dieses Verfahren gestattet, Hauchströme durch Gehirnzentren, Sympathikus, Augen, Ohren und sonstige kranke Organe gehen zu lassen, die Geschwülste, Kröpfe, Überfunktionen von Drüsen gleichsam in die Erde ziehen.«

Weiterhin gibt Dr. Heermann bekannt, daß diese Ströme feinstoffliche Materie mitführen (das behauptet auch der amerikanische Farbentherapeut Dinschah). »Wie es ein Fluß mit Baumstämmen tut, oder der galvanische Strom beim Versilbern und Vergolden mit den Ionen, so führen die Farbenstrahlen die Elemente mit sich, die sie auch z. B. durch die Spektralanalyse anzeigen. In seinem Werk: »Spectro Chromo« beschreibt Dinschah P. Ghadiali, wie er solche Elemente durch Farbenstrahlen dem menschlichen Körper zuführt.«

Dieses Verfahren hat Prof. Barail in Paris sogar soweit ausgebildet, daß er trockene narkotische Mittel mit Hochfrequenzströmen in die Zähne bringt, um sie unempfindlich zu machen.

Hemmungsstrahlen werden von Dr. Heermann benützt bei Geschwülsten, Drüsenkrankheiten, Basedow; Wachstumsstrahlen als Mittel gegen Tuberkulose, Lähmungen, schlecht heilenden Geschwüren usw. Er behauptet, daß z. B. dunkle Hüte ohne passende bunte Zutat meist dem Gehirn schädlich sind, dagegen sind bunte Nationaltrachten sehr von Vorteil.

Von Gasen haben Sauerstoff und Kohlensäure Wachstumsstrahlen, Helium und Stickstoff Hemmungsstrahlen. Influenzmaschinen, Hochfrequenzapparate und magnetische Kraftfelder verstärken diese Eigenstrahlung, während auffallendes Licht sie in das Gegenteil verkehrt. Da nun diese Weltallstrahlen ohne weiteres durch den Körper hindurchgehen, so werden natürliche oder künstliche im Körper vorhandene Gase sich ebenso verhalten. Der Pneumotora eines Tuberkulosen z. B. wird verschiedenen Erfolg haben, je nachdem der Kranke sich im Sonnenlicht oder im Schatten, in einer schwarzen oder farbigen Kleidung befindet.

Gase ebenso wie sonstige Stoffe zeigen auch in Lösungen dasselbe Verhalten. Sie können also auch innerhalb der Körpergewebe, der Organe, des Blutes durch Licht und Farben in ihren Eigenstrahlungen nach der einen wie nach der anderen Seite beeinflußt werden. So ergibt sich daraus, daß die Auswirkungen der Farben im Organismus eine unübersehbare Reihe von Möglichkeiten bieten.

Die Hilfe von Wachstumsstrahlen und Hemmungsstrahlen können große Bedeutung haben bei ungeahnten Störungen von Organen, Drüsen und Säften, besonders bei den zahllos schleichenden Infektionen aus oft weit zurückgelegener Zeit, zumal im Bereich des Körpers und des Darmes, bei Erkrankungen des Auges, des Ohres, des Zentralnervensystems (wie Muskelschwund, Multiplex, Sklerose, Schüttellähmung, Spinalparalyse), bei Asthma, Nierenleiden, Magen- und Darmgeschwüren, Tuberkulose, Muskel- und Gelenkrheumatismus, bösartigen Geschwüren, Zuckerkrankheit u. a. m.

Auch angeborene Wachstumshemmungen, Schwachsichtigkeit, Taubstummheit, Schwäche der Konstitution können ihren Grund in einer Infektion vor der Geburt haben und dadurch ebenso besserungsfähig werden wie erworbene Leiden. In allen diesen Fällen ist die Beseitigung der Infektion die Vorbedingung für den Erfolg.

Prof. E. Paul, Leiter der wissenschaftlichen Gesellschaft für Licht- und Farbenforschung, berichtet von schönen Farbenkuren: Ein Herr hatte sich ein schweres Nervenleiden zugezogen, welches durch alle möglichen Pillen und Behandlungen nicht beseitigt werden konnte, sondern sich von Jahr zu Jahr verschlimmerte. Er hatte schon alle Hoffnung auf Besserung aufgegeben, als er zufällig von Farbenkuren hörte, die oft Wunder wirken sollten. Er verschaffte sich farbiges Glas und ließ die Sonne durch verschiedene farbige Platten auf sich einwirken und bestrahlte besonders den Kopf. Die Wirkung war geradezu verblüffend. Schon nach wenigen Wochen war der entsetzliche Nervenkopfschmerz derart gebessert, daß er sich wie neugeboren fühlte. Der Herr machte noch weitere Versuche auch bei seinen Bekannten, oft mit erstaunlichem Erfolg. Die Nerven wurden besonders durch Gelb hervorragend gestärkt, doch waren die Wirkungen der einzelnen Farben auf manche Personen verschieden.

Bei Kopfschmerz, veranlaßt durch Erkältung, bei Entwicklung von Katarrh, Schnupfen usw. verschaffe Rotbestrahlung abwechselnd mit Blaubestrahlung große Linderung, oft genügte das Sehen der Farbe durch die Farbtafeln, um den Kopfschmerz zu beseitigen.

Prof. Paul berichtet auch von den Schweizer Ärzten Fritz Ludwig und J. v. Ries in Bern, welche großangelegte Versuche unternommen haben, durch welche die Möglichkeit festgestellt wird, durch Ultraviolett das D-Vitamin in Tätig-

keit zu bringen und die frischentfaltete Tätigkeit durch Rotlichtbestrahlung wieder unwirksam zu machen. Umgekehrt
kann man durch Rotlicht unwirksam gemachtes D-Vitamin
mittels nachträglicher Ultraviolett-Bestrahlung wieder in
Betrieb bringen. Die Berner Forscher erklärten noch, daß
die durch Ultraviolett-Bestrahlung erzielte Unwirksamkeit
des Hormons mittels Rotlichtbestrahlung wieder aufzuhe-
ben sei. Ein anderer Forscher beschreibt die Versuche, welche
angestellt wurden, um die Milch durch Bestrahlung vitamin-
reicher zu machen. Dies habe sich aber nicht bewährt, die
Milch bekomme einen schlechten Geschmack und ist in keiner Weise zu empfehlen. Dagegen wirkt mit Farben be-
strahltes Wasser, dieses schluckweise eingenommen, außerordentlich günstig. Farbige Bestrahlung stellt man sich her
durch Zellglastafeln, die federleicht, biegsam und unzerbrechlich sind.

HEILERFOLGE MIT FARBEN

(Berichte des staatl. gepr. Krankengymnasten
Gerhard Dix — Farbenheilpraktiker)

Ich befasse mich seit genau 8 Jahren mit den Farbenbehandlungen; ich machte zuerst Versuche bei Tieren. Als
ich dann gewiß war, daß ich meine günstigen Beobachtungen auch auf den kranken Menschen anwenden kann, begann ich mit diesen Farbbehandlungen und habe bisher noch
keinen einzigen Mißerfolg zu verzeichnen. — Zuerst denke
ich darüber nach, wo der Fehler des Patienten liegt, bevor
ich mit der entsprechenden Farbheilweise beginne; es muß
eine bestimmte Zeit verstrichen sein, bevor man von einem
Erfolg sprechen kann. Ich spreche mehr von einer Farben-
beleuchtung, als von einer Farbenbestrahlung, da meine
stärkste Birne nur 150 Watt hat. Ich achte streng darauf,
daß die Haut nicht zu warm wird, die Farbe soll die Haut
treffen und die elektrische Birne dient nur dazu, eine Tiefenwirkung zu erzielen. Bei den zu starken Lichtquellen ist zu
befürchten, daß die eigentliche Farbe beeinträchtigt wird,
z. B. Blau ist dann nicht mehr das richtige Originalblau. So
ist es auch bei allen anderen Farben. Die Farben müssen
immer so kräftig sein, daß sie ohne Abschwächung ihrer
Charakterkraft in die Tiefe dringen. Das waren alles meine
Beobachtungen, bevor ich mich mit Farbheilweise an den
Menschen wagte. Ich bin Forscher und Praktiker. Ein Forscher ist nicht immer ein Wissenschaftler und ebenso ist ein
Wissenschaftler nicht immer ein Forscher oder Praktiker.
Zum Beispiel ist Blau eine kalte Farbe — folglich muß
diese Farbe auch kalt zur Wirkung gebracht werden. Rot ist
an sich eine warme Farbe, wirkt schon als Farbe warm, aber
die Haut darf durch die Lichtquelle nicht sehr warm werden.

Ich halte die Lampe immer in dem entsprechenden weiten Abstand. Dauernd prüfe ich die Haut, damit diese nie zu warm wird und gehe mit der Lampe immer noch weiter weg. Die Farbbeleuchtungen, wie ich sie durchführe, beruhen auf Zusammenziehung und Erweiterung. Gelb ist eine sehr heiße Farbe — muß mit großem Abstand gegeben werden, dann wirkt sie beruhigend, während Rot von mir als warm bezeichnet wird und sehr aufregend und dehnend wirkt.

Meine letzten Erfolge: Zu mir kam eine sehr starke Frau mit Hüftgelenkluxation, die auf dem Rücken liegend die Beine nur 30 cm spreizen konnte. Freudestrahlend zeigte sie mir, wie sie ohne Schwierigkeiten jetzt nach einigen Farbenbehandlungen die Beine 1,20 m spreizen kann. Ich hatte sie mit Blau behandelt. Auch die Rückenschmerzen im Bereich der Lendenwirbel sind fast verschwunden; sie ist noch in Behandlung.

Ein weiteres Beispiel aus meiner Praxis: Ein Handballsportler hatte sich beim Sport den rechten Arm ausgekugelt. Die waagrechte rotierende Bewegung im Sinne eines Kugellagers (Arm in Schulterhöhe nach rechts ausgestreckt) war nicht mehr möglich, er konnte sich mit der Hand nicht einmal mehr das Gesicht waschen. Eine leichte Schwellung der rechten Schulter war immer vorhanden. Einige Male nahm ich nur blau für die Schulter und dann rot für den Brustmuskel. Heute bewegt er den Arm normal wie den gesunden linken Arm. Dabei habe ich beide Patienten (die oben beschriebene Frau und den Sportler) nicht einmal zehnmal behandelt. Auch die Schwellungen nach Frakturen lassen sich außerordentlich gut mit blau behandeln.

Selbst bei meiner Frau, welche plötzlich einen sehr hohen, fast geschwollenen Bauch bekam — ich nahm an, es sei ein Myom — ist durch die Blaubehandlung wieder alles normal und sie ist vollkommen beschwerdefrei.

Kehlkopfleiden wurden von mir auch mit Blau behandelt. Alle Behandlungen sind positiv verlaufen. Tageslicht wurde währenddem ausgeschaltet durch Verhängen der Fenster.

Mit Farblichtbehandlung hatte ich in meiner Praxis immer besten und anhaltenden Erfolg. In vielen Fällen waren es nervliche Entzündungen, die nach 3—6 Behandlungen mit Blau behoben waren. Bisher hat es sich nur um Teilbehandlungen gehandelt. Wenn aber eine Ganzbeleuchtung notwendig wäre, fehlt mir das entsprechende Beleuchtungsgerät. Es müßte so lang und so breit wie eine normale menschliche Durchschnittsgröße sein. Auch müßten die Farbscheiben auswechselbar sein für alle Farbkombinationen.

Zur Zeit habe ich eine schwere Nervenlähmung in Behandlung; ich habe erst drei Farbenbeleuchtungen ausgeführt und war sehr erstaunt und traute meinen Augen nicht, als diese Frau nach so kurzer Zeit in ziemlich flottem Tempo auf mich zukam, nachdem sie vorher kaum laufen konnte.

*

Viele solcher Schreiben liegen vor, auch über die gelben Lesetafeln, von welchen der berühmte Dr. med. Wilhelm Neuham, Facharzt für Augenkrankheiten, schreibt: »Bei Versuchen mit Farbfolien zur Besserung von Beschwerden bei Personen, die mit ausgesprochener, langdauernder, beruflicher Naharbeit beschäftigt sind, stellten sich diese als sehr wirksam heraus, indem sie die oft geklagten subjektiven Mißempfindungen von Brennen, Stechen der Augen und Verschwimmen der Schrift beseitigen«, usw.

Daß man mit Farben auf Tiere, ebenso wie auf Pflanzen einwirken kann, die gleichfalls licht-, sonnen- und farbenhungrig sind, stellte Prof. Ewald Paul schon vor Jahren fest:

»Die Erforschung der Farben hat auf dem Gebiet ihrer gesundheitlichen Auswirkungen in den letzten Jahrzehnten erhebliche Fortschritte ergeben. Die von uns und unseren Mitgliedern der Internationalen wissenschaftlichen Gesellschaft für Licht- und Farbenforschung, darunter Fachleuten ersten Ranges, gemachten Beobachtungen und die im Anschluß daran gegebenen Anregungen sind auf fruchtbaren Boden gefallen, was uns im Interesse der Wissenschaft und Menschheit erfreut.«

In zahlreichen Sonderschriften haben wir und unsere Mitglieder und Anhänger die Forschungsergebnisse zu besserer Farbenbewertung veröffentlicht, als sich die Notwendigkeit dazu ergab.

In den letzten Jahren hat sich ein überaus reiches Material zusammengedrängt von Fachleuten und Ärzten, welche durch unsere früheren Berichte zu ergebnisreichen Arbeiten in der Praxis angeregt wurden. Behörden haben sogar in Strafanstalten nutzbringende Versuche mit Farben angestellt und dabei den Einfluß der letzteren auf die Seele und somit auch auf die körperliche Gesundheit nachzuweisen vermocht. Andere Praktiker kommen mit Beobachtungen aus den verschiedensten Gebieten der Farbenwirkung auf Pflanzen und Tiere.

Es ergibt sich die dringende Notwendigkeit, einen Auszug aus diesem überreichen Stoff für unsere Mitglieder und Anhänger wie für alle Interessenten dieses aussichtsreichen Forschungsgebietes vorzulegen, wobei wir die verschiedenen

Beobachter und Mitarbeiter zumeist direkt sprechen lassen.

Mögen diese Berichte weitere Bahn brechen auf dem Gebiete der Farbentherapie. Möge sich der Segen der Farbenkräfte aus immer reicherem Füllhorn über die Menschheit ergießen.«

Diese Ausführungen von Prof. Ewald Paul möchte ich meiner Arbeit über »Farbenkräfte im Dienste der Landwirtschaft« voranstellen. Er war Präsident der Internationalen Wissenschaftlichen Gesellschaft für Licht- und Farbenforschung, und ich habe jahrzehntelang mit ihm zusammengearbeitet. Seinem Andenken und seinen großen Verdiensten um die praktische Farbenforschung sei dieses Büchlein gewidmet.

*

Farben sind Kinder des Lichtes und der Sonnenstrahlen. Wo die Farben fehlen, ist Öde, Einsamkeit und Lebensangst. Wo sie im bunten Spiel erstrahlen, ist Wachstum, Leben, Kraft und Freude. Das Leben ist farbig, der Tod ist bleich und löscht die Farben. Gesundes Leben erkennt man an den gesunden Farben, Krankheit zeigt sich in krankhaften Farben. Je weiter der Mensch im Süden wohnt, desto stärker wird seine Farbenliebe, sein Farbenhunger, ja, man kann sagen, seine Farbenverehrung.

In den letzten Jahren mehren sich in erfreulicher Weise die Fälle, in welchen die Farbe bei der Heilweise Verwendung findet. Diese Behandlungsmethode erhielt den Namen »Chromotherapie«. In Deutschland brachte man in der Hauptsache die Farben Rot und Blau als Heilfarben zur Anwendung, und das mit Unrecht, da die anderen Farben in gleicher Weise Heilkräfte besitzen.

Auf rein physikalischem Wege kam man in der Theorie der Farbheilweise nicht weiter. Darum blieb auch die Chromotherapie im Anfangsstadium stecken. Die Ursache fand man in einer falschen wissenschaftlichen Einstellung. Als der zweite Weltkrieg ausbrach, wurden die Farbenstudien eingestellt. Nur kriegswichtige und kriegsfördernde Forschungen wurden unterstützt. Das ist wohl auch der Grund, warum man in Deutschland verhältnismäßig wenig von der Anwendung der Farbenkräfte in der Landwirtschaft erfahren hat. Das Schicksal wollte es, daß unser Farbenforschungsinstitut in München total bombenzerstört wurde. Zur Zeit existiert kein Forschungsinstitut auf diesem Gebiet in Deutschland mehr.

Sollen wir uns deshalb diese nutzbringenden Kraftquellen der Farben, die wir heute nötiger denn je brauchen, entgehen lassen? Die freigebende, segenbringende Sonne sendet die Wunderkräfte der Farben kostenlos, und Farbenbestrahlungstafeln aus Zellglas werden auch wieder hergestellt, die sich jeder billig beschaffen kann. Also müssen wir nur noch wissen, wie diese anzuwenden sind, um, hier speziell in der Landwirtschaft, Erfolge erzielen zu können.

*

Es ist noch wenig bekannt, daß Tiere und Pflanzen den Farbenkräften unterworfen sind und daß die Farbenkräfte im Dienste der Landwirtschaft Kraft- und Heilquellen für Pflanzen und Tiere sein können. Es wurde zum Beispiel durch die Farbenforschung festgestellt, daß Schweine im Violettlicht und Blaulicht vorzüglich gedeihen und viel mehr Fett ansetzen.

Von dem amerikanischen Forscher Prof. Pleasanton wurde berichtet, daß er je vier Stück etwa zwei Monate alte Ferkel im violetten und im weißen Licht züchtete. Es stellten sich dabei erhebliche Unterschiede im Wachstum der beiden Ferkelgruppen heraus, und zwar zugunsten der im violetten Licht gezüchteten Tiere. Auch durch blaues Licht zeigten sich gute Erfolge. Es wurde beobachtet, daß die Tiere ruhiger wurden, auch besser gediehen und mehr schliefen.

Für übernervös gewordene Pferde sind ebenfalls Stallungen mit blauem Licht zu empfehlen. Schon vor dem Kriege wurden die kostbaren Rennpferde, die von England nach Deutschland geschickt wurden, in Hamburg in blau belichtete Stallungen gebracht, wenn sie von dem Schiffstransport und durch Seekrankheit geschwächt und nervös geworden waren. Allein die blaue Farbe beruhigte und heilte die Tiere.

Auf dem Lande findet man häufig Stallungen, die kaum Licht bekommen. Es ist ganz unrichtig, die Stallungen dunkel zu halten. Es ist zu empfehlen, wo irgend möglich, Fenster anzubringen, auf die man farbige Cellophanfolien anheften kann. Will man fette Tiere züchten, dann soll man gelbe Wände und blaue Farbenbestrahlung für die Stallungen wählen. Beobachtungen haben ergeben, daß die Tiere die helleren Farben den dunkleren vorziehen und eine Vorliebe für hellgrün, hellblau und gelb haben. Diese Farben scheinen ihnen angenehmer als rot zu sein.

Schwache Tiere sollte man im allgemeinen dem blauen Licht aussetzen, sie bekommen dabei stärkere Ausscheidungen und regeren Stoffwechsel. Es wäre ratsam, daß jeder Tierbesitzer sich einen Versuchsstall anlegte und selbst diese Versuche ausprobiert, wobei es genügt, wenn an den Fensterscheiben die Bestrahlungstafeln angebracht werden. Man kann diese mit Reißnägeln anheften und jederzeit auswechseln.

Die gelbe Farbe benützt man mit Vorteil bei Tieren, welche träge sind und besonderer Anspannung bedürfen. Gelb äußert sich kräftig erregend ohne zu überreizen, wie zum Beispiel die Farbe rot. Es ist auch gut, abwechselnd die Farben gelb und blau zu benützen. Auch von der Insektenplage kann man die Tiere durch blaue und gelbe Farbe befreien. Fliegen meiden Räume, die blau, blaßviolett oder zitronengelb sind, diese Farben sind ihnen verhaßt. Dagegen gehen sie mit Vorliebe auf Hellgrün, Rosa, Hellgelb, Dunkelrot, Weiß und Schwarz.

Professor Nils Finsen in Kopenhagen hat sich dem besonderen Studium der Farbeneinflüsse auf Insekten und Weichtiere gewidmet und es sind eigenartige Ergebnisse von dem Farbensinn zum Beispiel der Ameisen, Bienen, Schnecken, Würmer usw. ans Tageslicht gekommen.

Interessant sind auch die Berichte über Farbeneinwirkungen bei Krankheiten der Tiere. Es ist bekannt, daß viele Schweine allein am Rotlauf alljährlich zugrunde gehen, und doch könnten sie bei roter Belichtung des Stalles zum großen Teil gerettet werden. Versuche haben ergeben, daß durch Farbenheiltherapie auch beim Menschen Rotlauf durch Rotlicht geheilt werden kann. Ein deutscher Stabsarzt berichtete über dreißig Fälle dieser Krankheit mit gleich gutem Erfolg. Seinerzeit wurde auch in der Münchener Medizinischen Wochenschrift darüber berichtet. Leider sind alle diese gesammelten Schriften ein Opfer des Bombenterrors in München geworden.

Pflanzenwachstum wird durch farbiges Licht gefördert, die Blätter und Samen, ebenso wie die Früchte werden mehr durch die roten als durch die anderen Farbenstrahlen entwickelt. Professor Babbit sagte, daß die Hitze der Treibhäuser und das Wachstum der Pflanzen merklich durch einige blaue Gläser, aber mit hellen weißen Scheiben dazwischen, vermehrt werde.

Professor Pleasanton machte in Philadelphia auch die Erfahrung, daß durch aufeinandergelegte blaue und weiße Scheiben das Thermometer in seinem Treibhaus auf 38 Grad Celsius stieg, während die äußere Temperatur nur 2 Grad

Celsius betrug, also wenig über dem Gefrierpunkt stand. Blaue Lichtstrahlen entwickeln also große Hitze, wenn sie mit Weiß gemischt und mit den Wärmestrahlen der Sonne in Verbindung gebracht werden.

Farbenkräfte gehen geheimnisvolle chemische Wandlungen ein. Professor Babbit machte die Beobachtung, daß welke Pflanzen sehr häufig unter blauem Licht wieder aufleben und daß die Strahlen des blauen Lichtes manche Pflanzeninsekten, auch Blattläuse, vertreiben oder töten.

Man sieht daraus, welche Kräfte in den Farben schlummern, die in jeder Weise in der Landwirtschaft nutzbar gemacht werden müssen.

Sanitätsrat Dr. Müller gab seinerzeit in der »Münchener Medizinischen Wochenschrift« bekannt, daß er zur Heilung von Lähmungen mit Erfolg Rot anwandte, das auch gegen Hauterkrankungen wesentlich hilft. Scharlach, Masern, Frostschäden, Flechten, Rotlauf bei Schweinen u. v. a. wurden von ihm mit roter Bestrahlung geheilt, auch Kehlkopfleiden, Asthma. Der rote Farbstrahl hat die größte Durchdringungsfähigkeit und Tiefenwirkung.

Von besonderem Interesse für den Landwirt dürften auch die Erfahrungen mit bestrahlten Futtermitteln sein, wie sie Sanitätsrat Dr. Heermann durchführte, welcher berichtete, daß schon Zeiten von wenigen Sekunden für die Bestrahlung genügten.

Ein Pelztierzüchter in St. Gallen schrieb, daß s e i n e Tiere, mit solchem Futter behandelt, »viel schönere Felle bekamen, rasch wüchsig wurden und sich einer guten Gesundheit erfreuten, wie auch in Bezug auf Nachwuchs sehr gute Resultate erzielt wurden«.

Eine Hamburger Firma lieferte bestrahlte Futtermittel für Schweine und Geflügel, die nicht nur den Ertrag, sondern auch den Geschmack von Fleisch und Eiern verbesserten.

Auch die Milcherzeugung von Kühen ließ sich durch Bestrahlung des Futters nach Angaben von Dr. Heermann steigern.

Zu den Heilwirkungen der Farben gehören auch die psychischen Wirkungen der Farben, die nicht mehr abzustreiten sind. Psychische Wirkungen in der wahrsten Bedeutung des Wortes sind es auch, wenn zum Beispiel rot nicht nur auf Stiere, sondern auch auf den Hund und Hahn, ja selbst auf den Elefanten erregend wirkt, speziell auch erregend auf die Geschlechtsfunktionen der meisten männlichen Lebewesen. Ein Junge machte Experimente mit Maikäfern, er beobachtete, daß die männlichen auf rotem Papier ruhelos hin und her liefen, während die weiblichen (erkennbar an kleineren Fühlern) ruhig blieben.

Zur wirksamen Bekämpfung der Schädlinge in der Landwirtschaft muß man ihren Entwicklungsgang genau kennen und ihre Lebensgewohnheiten studieren.

Hier stellt gerade das endlose Heer der kleinen Schädlinge, von den Bakterien bis zu den Insekten, die angewandte Farbenwissenschaft vor zahlreiche Aufgaben.

Die Studiengemeinschaft für Farbenforschungen, total fliegergeschädigt in München, konnte es trotz aller Bemühungen in den Nachkriegsjahren nicht mehr erreichen, ihr Domizil in München wieder aufzuschlagen. Es wäre sehr begrüßenswert, wenn sich interessierte Kreise dafür einsetzen würden, daß neue Studiengemeinschaften entstehen, die weitere Forschungsergebnisse ermöglichen.

Die Versuchsergebnisse der Studiengemeinschaft für Farbenforschung haben jedenfalls gezeigt, daß Farben lebendige Kräfte sind, Quellen der Gesundung und Stärkung, ein Mittel zur Wachstumsbeschleunigung für Tiere und Pflanzen, ein Mittel zur Schädlingsbekämpfung, ein Mittel gegen viele Arten von Krankheiten.

Die wertvollen Aufzeichnungen jahrelanger Forschungen sind leider vernichtet. Man sollte aber nicht eher ruhen, bis neue Versuche und Experimente endlich das Ziel erreicht haben, dem Landwirt einwandfreie Farbenrezepte für alle Zwecke liefern zu können. Alle Versuchsstationen und auch Liebhaber, seien hierzu aufgerufen, nicht zuletzt aber auch jeder Landwirt selbst, eigene Erfahrungen mit Farben zu sammeln und diese zum allgemeinen Nutzen bekannt zu geben. Wir sind gerne bereit, diese Berichte in einer entsprechenden Schrift zu veröffentlichen.

Über die Wirkung des mit verschiedenem Licht bestrahlten Brunsthormons, genannt »Progynon«, auf Mäuse berichtet Ludwig von Rieß: »Nach vorheriger Rotlichtbestrahlung wirkt das Hormon doppelt bis fünffach so stark wie unbestrahltes, während es nach Bestrahlung mit Ultraviolett unwirksam wird. Doch kann derartiges inaktiviertes Progynon durch abermalige Rotbestrahlung wieder aktiviert werden.«

Bei dieser Gelegenheit sei noch erwähnt, daß zum Beispiel die Keimung von Moos und Farnsporen durch Blau gehemmt, durch Rot gefördert wird, — daß rot bestrahlte Kaninchen und Ratten eine bedeutend größere Wachstums- und Gewichtszunahme zeigen, als unbestrahlte oder andersfarbig bestrahlte.

FARBENBESTRAHLUNG
erhöht und verbessert Duft und Aroma

Unsere Geruchsnerven verlangen nach Wohlgerüchen an Pflanzen und ihren Blüten, unsere Geschmacksnerven wollen Wohlgeschmack in Beeren und Früchten. Schon die Kinder sind gierig auf Wohlgerüche und auf aromatische

Früchte, die ihr Drüsensystem zur Anregung des Wachstums braucht. Duft und Aroma sind besonders wirkende, nicht zu unterschätzende Energien, die unser Wohlbefinden stark beeinflussen können. Unsere Sinnesempfindungen, Geruch, Geschmack, Gesicht und Gefühl, geben, wenn noch nicht verdorben durch chemische Genußmittel, den Maßstab, was uns zuträglich ist und was nicht. Verpestete Luft schadet unserer Gesundheit und unserem Wohlbefinden ebenso wie übelriechende und übelschmeckende Speisen, die sich oft auch durch übles Aussehen schon verraten. Was wir also als natürliche Wohlgerüche und auch als natürlichen Wohlgeschmack empfinden, ist gesundheitsfördernd.

Was ist nun Duft und Aroma? Eduard A. Brecht schreibt: »Es sind Verdichtungen sublimster stofflicher Kräfte in einem Bereich, wo auch bei der Pflanze das Stofflich-Materielle ins Seelisch-Spirituelle überwechselt, ein Analogon zu unserem Nervenfluid oder unserem Drüsensystem, wo unsere eigenen Ur-Lebenskräfte stets und ständig in Mikromengen erzeugt werden. Wir wissen heute, daß es Stoffe gibt, die der Körper zwar nur in winzigen Mengen braucht, die aber doch so wichtig sind, daß ihr Fehlen den ganzen Zellenstaat gefährdet. Man nennt diese Stoffe Spurenelemente.

Wir dürfen die geheimnisvolle Duftkonzentration und Strahlkraft ruhig als eine Ballung und osmotische Spannung besonderer und seltener Kräfte ausdeuten, und es ist ohne weiteres a priori zu vermuten, daß wir mit dem »Gewürz« unsere Speisen nicht nur wohlschmeckender, bekömmlicher und gesünder machen, sondern auch mit wichtigen Spurenelementen anreichern.

Gewürze sind solche ätherischen Energie-Ballungen und sie wirken, ihrem Charakter folgend, ausnahmslos stark anregend auf unsere inner-sekretorischen Drüsen, sie regen also die wichtigsten Kraft-Stationen des Körpers an, wirken dadurch auf unsere Spannkraft, auf unsere Nerven, auf unsere Elastizität, Schönheit, Jugendlichkeit. Es lohnt sich, diese magischen Kräfte kennenzulernen mit ihnen umzugehen, zauberhafte Genüsse zu improvisieren und dem Körper auf so feine Weise Gutes zu tun.«

In Urzeiten war die Nahrung des Menschen einfach, alles wurde roh gegessen. Der Mensch verließ sich auf seinen natürlichen Instinkt, er verließ sich auf seinen noch unverdorbenen Geruchs-, Geschmacks- und Seh-Sinn. Krankheiten kannte er kaum und fühlte er mal ein Unbehagen, so wußte er das richtige Kräutlein dagegen zu finden, dessen Duft- und Aromageist wieder zur Gesundheit verhalf. Die Menschen wurden alt wie Methusalem, der nach dem alten Testament 969 Jahre alt wurde (1. Mos. 5, 27). Auch die Tiere in der Wildnis wissen im Krankheitsfalle, welches Kräutlein sie wieder gesund macht.

Ungetrübte Gesundheit ist ein Genuß, ist innere Harmonie. Dies und ein klarer Kopf dazu gibt uns ein göttliches Hochgefühl. Genuß ist nicht zu verwechseln mit Sucht. Genuß ist etwas Lebensförderndes (Genuß kommt von genießen, genesen, Sucht dagegen von siechen). Genuß durch natürliche Mittel bereichert das Leben, verschönert und vertieft es, verfeinert und verlängert es.

Diese Duftstoffe an Pflanzen, Blumen und Gewürzen und die Aromageister der Früchte und Wurzeln (Kirschengeist, Zwetschgengeist, Enziangeist usw.) lassen sich durch entsprechende Farbenbestrahlung erhöhen und verstärken.

Manche Pflanzen gedeihen unter r o t e m Licht besonders gut, sie entwickeln sich besser und zeigen eine ungewöhnliche Saftfülle. So sollen in r o t e m Licht gezogene E r d - b e e r e n ein hervorragendes Aroma bekommen.

Man kann auch die Farbe der Blumen durch die Belichtung mittels bunter Scheiben beeinflussen, sowie die Blumendüfte. Von den Crassula-Blüten wird berichtet, daß sie in gewöhnlichem Sonnenlicht nur wenig Duft entfalten, unter rotem Licht dagegen strömen sie einen zarten, bananenähnlichen Duft aus.

Durch solche Studien der farbigen Belichtung könnte man also verstärkte Duft- und Geschmackswirkungen bei Pflanzen und Früchten erzielen. Man könnte die Wohlgerüche mancher Pflanzen durch farbige Bestrahlung verbessern. Dies könnte durch Nutzbarmachung für die Industrie neue Erwerbsquellen erschließen.

Wie wir gesehen haben, entwickeln die Farben ungeahnte Kräfte, die wir uns nach jeder Hinsicht dienstbar machen sollten.

Wenn wir durch die Farbenkräfte auf Pflanzen und Tiere wirken, deren Wachstum beschleunigen, Krankheiten vorbeugen oder ausheilen können, so wäre es wohl wichtig, solches Studium auch in den Lehrbereich aufzunehmen. Es ist verwunderlich, daß die Naturkräfte und Naturgesetze der Farben bisher so wenig beachtet wurden, speziell in Deutschland in der Landwirtschaft.

In den letzten zwanzig Jahren hat sich eine eigene Farb-Strahlen-Therapie in Krankenhäusern entwickelt, die sich mit Blitzesschnelle über die ganze Erde verbreitete und heute wohl in keinem Krankenhause mehr fehlen dürfte. In Nervenanstalten, psychiatrischen Kliniken usw. hat man die Farbenheilkunde eingeführt und damit die besten Erfolge erzielt. In der Landwirtschaft zeigte die Anwendung der Farbenkräfte in Amerika gute Erfolge, wie Professor Pleasanton und Professor Dr. Babitt aus Philadelphia mitteilten.

Auch in Dänemark ist man bestrebt, Farben-Heil-Methoden anzuwenden. Der dänische Forscher Professor Nils Finsen in Kopenhagen bewies an Pflanzen und Tieren, daß Farben selbständige Kräfte sind. Für seine Forschungsarbeiten über Licht- und Farbenwirkung erhielt er den Nobelpreis.

Farben sind lebendige Kräfte, können Quellen der Gesundung und der Stärkung sein, wenn wir sie uns richtig dienstbar machen. Vermittels der Farben können wir aus der umgebenden Natur lebengebende, harmonisierende Energien herausholen. Die Heilkraft des Lichtes ist auch hier in Deutschland allgemein bekannt, weniger aber die der Farben, obwohl die Farben doch einzelne Aspekte des Lichtes sind. Um so beachtlicher sind die Ergebnisse wissenschaftlicher Untersuchungen der heilenden Kräfte der Farben, über die manche neue interessante Berichte vorliegen.

Einer der verdienstvollsten Vorkämpfer für Farbenheilung war Dr. med. Georg von Langsdorf. Seine Erfolge mit Farbenbehandlung grenzten ans Wunderbare. Ihm haben wir die Entdeckung zu verdanken, daß Rotlicht die Ausdehnung der Gefäße bewirkt und dadurch kräftige

Durchblutung ergibt. Blaulicht führt dagegen Verengung der Gefäße herbei und verursacht Blutleere, wodurch die Haut unempfindlich gemacht werden kann. Aus diesem Grunde machen sich auch die Zahnärzte die Blaulichtbestrahlungen zur Verhinderung von Zahnschmerzen zunutze.

Die größten Heilerfolge allein mit Farben werden von Dr. med. P. Ghadiali berichtet. Er gibt an, daß er jede Krankheit, auch wenn sie schon einen Grad erreichte, daß sie als unheilbar gilt, zum Beispiel Krebs, Lähmungen usw. durch Farbenbestrahlung heilen konnte. Er ordnete die prismatischen Farben in 12 Stufen ein und teilte diese in zwei Gruppen: die eine Gruppe enthält alle Farben mit Gelbgehalt (Goethe nannte diese die aktiven, positiven Farben), die andere Gruppe die Farben mit Blaugehalt (Goethe nannte sie negative, passive Farben). Rot wird als Wärmepol, blau als Kältepol bezeichnet.

Dr. med. Ghadiali legte sein Hauptaugenmerk auf die Untersuchung der Elemente, die durch Farbbestrahlung dem menschlichen, wie auch dem tierischen Körper zugeführt werden können, und auf die Wiederherstellung richtiger Funktionen der Organe. Das reibungslose Funktionieren aller Teile des Organismus nennt er Gesundheit. Der Organismus gerät aber in Unordnung, wenn das kleinste Rädchen gehemmt, ein Teilchen aus dem Gleichgewicht gebracht worden ist. Einer seiner Schüler, Herr Emil Wittig, ein Auslandsdeutscher, besuchte mich und erzählte mir, daß er von Dr. med. Ghadiali von Lupus, allein mit Farbenkräften, geheilt worden ist.

Die Wirkungen der Farbenkräfte auf die einzelnen Organe faßt Dr. Ghadiali wie folgt zusammen:

Blau = Lebenskraft entwickelnd, fiebernehmend, nerven-
    nährend,

Violett = milzbildend, Lymphe anregend, kraftspendend,

Purpur = geschlechtskraftsteigernd, venenanregend,

Rot = rote Blutkörperchen bildend, leberanregend, Sinne unterstützend,

Orange = Lungengewebe kräftigend, drüsenanregend,

Gelb = nervenstärkend, verdauungsfördernd, magenanregend,

Grüngelb = knochenbildend, gehirnanregend,

Grün = desinfizierend, Muskel und Gewebe bildend, bakterientötend,

Türkisblau = hautkräftigend, hautbildend.

Daß Licht und Farben tiefwirkende chemische Einflüsse ausüben, ist bekannt. Das Bräunen der Haut durch Sonnenstrahlen kann man täglich beobachten. Aber die physiologischen Wunder von Licht und Farbe reichen tiefer. Dr. Ghadiali hat festgestellt, daß die Farben nicht nur die Elemente in der Spektralanalyse anzeigen, sondern daß sie diese selbst enthalten und übertragen können auf Mensch, Tier und Pflanze. Nach zwanzigjähriger Forscherarbeit hat er die folgenden Elemente in den Farbenstrahlen festgestellt: Im Blau Sauerstoff und Cäsium, im Indigio Bismut u. a., im Violett Aktinium, Kobalt u. a., im Purpurrot Lithium und Strontium, im Scharlachrot Argon, Mangan, im Rot Radium, Wasserstoff, Iridium, Magnesium u. a., im grünlichen Gelb Schwefel, Eisen, im Grün Barium, Chlor, Stickstoff, Radium u. a.

So erklären sich die Erfolge mit Farbenbestrahlungen, bei welchen in der Anwendung auch noch der kosmische Rhythmus eine Rolle spielt wie bei Ebbe und Flut. Hier ist man von der Sonnenaufgangszeit abhängig, auch von den Jahreszeiten, — alles ist beeinflussend in der Natur und muß durch die Praxis erkannt werden.

Farbenbestrahlung soll nicht vorgenommen werden während der Zeit des Sonnenauf- und Sonnenuntergangs.

Rot offenbart sich uns in der Natur als Farbe der Bewegung. Wir beobachten zum Beispiel die auf- und untergehende Sonne in Rot, auch das fließende pulsierende Blut hat die rote Farbe (getrocknetes Blut ist bekanntlich rostbraun). Rote Farbenstrahlen sind heilwirkend bei allen Arten Bewegungsstockungen, sind wirksam für Herz, Lunge, Muskeln, sind auch ebenso zu empfehlen bei allen Blutstockungen und als Erhitzungsmittel bei allen Erkältungserscheinungen, aber auch bei Rheumatismus, Ischias, Gicht usw.

Die rote Farbe wird von den Ärzten zur Erwärmung des Blutes, zur Steigerung der Pulsfrequenz, der Blutzirkulation, zur Belebung, Anregung und Kraftvermehrung verwendet. Da Rot auf die Haut- und Drüsentätigkeit wie auf den Stoffwechsel anreizend wirkt, ist Rotlichtbestrahlung überall anzuwenden, wo eine Zuführung neuer Lebenskräfte nötig ist.

Blau dagegen vermindert die Pulsfrequenz sowie die Durchblutung. Blau wirkt beruhigend, schmerzstillend und hat wie auch Grün schlaffördernden Einfluß. Die Blaulichtbestrahlung verwendet man bei nervösen Herzbeschwerden, Herzangst, Herzfehlern, Herzklopfen, auch bei gewissen Hautkrankheiten wie Rose, Nesselsucht und dergleichen. Die kurzwelligen blauen, violetten und ultravioletten Strahlen wirken kühlend und sind chemisch zersetzend, sie werden als aktinische Strahlen bezeichnet.

Die Farbenlehre unterscheidet seit altersher »warme« und »kalte« Farben. In dieser Bezeichnungsweise kommt auch zum Ausdruck, daß verschiedene Farben auf das Gemüt in ganz verschiedener Weise einwirken. Hierbei lassen sich noch zwei wichtige, grundlegende Feststellungen machen: rote Farbe verstärkt die Erregung des Nervensystems, blaue Farbe setzt sie herab. Daraus erklärt sich auch, daß Rot zu Tobsuchtsanfällen bei Nervenkranken führen kann, und daß es ähnlich auch auf gewisse Tiere wirkt, auf Stiere, Truthähne, Pfauen, Elefanten und viele andere Tiere, die man durch Rot in Wut versetzen kann, dagegen durch Blau besänftigt.

Vom Institut für Tierforschung in Bombay wurde berichtet, daß manche Raubtiere gegen die himmelblaue Farbe einen sonderbaren Widerwillen haben. Zahlreiche Versuche erwiesen, daß nichts den Tiger zu bewegen vermag, einen Stall anzufallen, dessen Wände oder dessen Einfriedungen himmelblau gestrichen sind. Die innerhalb solcher Gehege gehaltenen Haustiere sollen vor jedem Angriff der Raubtiere sicher sein.

Daß Blau auch abstoßend auf verschiedene Insekten, besonders auf Fliegen wirkt, sollte schon ein dringender Grund sein, in jedem Haushalt, besonders aber in der Landwirtschaft, blaue Farben-Bestrahlungstafeln zur Verwendung zu bringen. Man wird mit Blaubestrahlung viele Insekten und unerwünschte Tiere vertreiben können. Bei Versuchen mit Wasserflöhen und einer Art von Blaualgen konnte ebenfalls beobachtet werden, daß sie Blau meiden.

Interessant sind weitere Experimente, die zeigen, daß Blau auch Menschen, und sogar unbewußt, abstößt, dagegen Rot anzieht. Man stellte Menschen mit verbundenen Augen in eine Dunkelkammer. Dann schickte man seitlich auf den Hals oder auf die Wange ein Lichtbündel. Die Versuchsperson blieb bewegungslos. Nun wurde plötzlich eine rote Bestrahlungstafel vor das Licht geschoben, die Person bewegte jetzt, ohne es zu wissen, ihre beiden Arme der Lichtquelle zu. Schaltete man statt des roten Lichtes ein blaues ein, wanderten die Arme vom Lichte weg.

Aber auch mit den anderen Farben wurden interessante Experimente gemacht. Als sehr heilkräftig haben sich die violetten und ultravioletten Strahlen bei einer Menge von Krankheiten erwiesen. Abwechselnd mit Blaubestrahlung können sie günstig für nervöse Leiden sein. Jede Art Schlaflosigkeit, Gereiztheit, Beunruhigungs- und Angstzustände werden wirkungsvoll mit Blaulichtbestrahlung behandelt.

Das gelbe Licht wirkt auf die Ernährungsorgane günstig, Magen, Darm, Leber, Nieren, Milz, Blase können durch die gelbe (positive) Farbenenergie gewinnen und im Krankheitsfalle geheilt werden. Die gelbe Farbe hat die heißeste Strahlung, sie ist abwechselnd mit Rotlicht auch bei Lähmungen zu empfehlen.

Jeder kann sich die Farbenheilstrahlen zunutze machen, indem er farbige Bestrahlungstafeln am Fenster aufhängt und so die Sonnenstrahlen auf die Körperstellen, die bestrahlt werden sollen, treffen läßt. Die verschiedenfarbigen Strahlen bewirken verschiedene chemische Umwandlungen im menschlichen Körper. Auch Wasser, das einige Zeit farbiger Bestrahlung ausgesetzt ist, erfährt eine Umwandlung (die Intensität der Wirkung ist natürlich von der Energie der Sonne abhängig). Sensible Personen schmecken sogar die Veränderung.

Von solchen Beobachtungen berichtet ausführlich Reichenbach, der Entdecker der Odstrahlen. Seine Versuchspersonen konnten stets am Geschmack erkennen, mit welcher Farbe das Wasser bestrahlt worden war. Sie empfanden magnetisiertes Wasser bei blauer Bestrahlung als kühl und frisch, bei roter Bestrahlung lau und nicht selten widerlich im Geschmack.

Durch helle goldene Farben wirkt man nicht nur günstig auf melancholische und trübsinnige Menschen, auch viele

Tiere werden frischer und fröhlicher. Ein gelbbestrahlter Raum wirkt auch an Regentagen sonnenscheinartig. Bei einem Kanarienvogel konnte ich beobachten, daß er in gelber Bestrahlung sofort zu singen anfing, wenn er auch kurz vorher aufgepustet und traurig auf seinem Stängelchen saß. Auf einer Hühnerfarm wurden ähnliche Beobachtungen festgestellt und es wurde sogar behauptet, daß die Hennen fleißiger Eier legten. Jedenfalls sollte man das Gemüt auch der Tiere möglichst günstig durch freundliche Farben beeinflussen. Ein verwöhnter Hund, der immer fröstelte, ließ sich gerne rot bestrahlen, während er bei blauem Licht den Schwanz einzog und davonlief. Ein zottiger Polarspitz dagegen fühlte sich wohler bei blauem als bei rotem Licht, und ein anderer Hund, dem sein Fressen nicht schmeckte, bekam sofort Freßlust, wenn man es mit Gelb bestrahlte oder auch mit Rot. Bei Hunden und auch bei Katzen kann man die merkwürdigsten Beobachtungen mit Farben machen, auch bei Pferden, die sofort ihre Müdigkeit vergaßen und viel frischer ausholten, nachdem man ihnen rote Brillen umgebunden hatte. Viele solcher Experimente wären noch zu erproben. Bei solchen Versuchen empfiehlt es sich, keine Glasbrillen zu verwenden, die das Auge gefährden können, sondern solche mit farbigem Zellophan oder Zellglas, die nicht zerbrechen, keine Splitter geben.

Farben sind lebendige Kräfte, Quellen der Stärkung, wenn wir sie uns richtig dienstbar machen. Vermittels der Farben können wir aus der umgebenden Natur lebengebende, harmonisierende Energien herausholen.

Die Farbentätigkeit regelt das Wachstum der Bauzellen im Körper und beeinflußt Nerven und Organe. Migräne, Blutandrang, Herzklopfen, Herzleiden, Kopfschmerzen, Schlaflosigkeit, Entzündungen, Zahnschmerzen usw. werden mit blauer Bestrahlung bekämpft. Versuche auch bei Tieren

haben sehr günstige Resultate erzielt. Der Dresdener Farbenforscher Studienrat Max Starke berichtete aus seinen
reichen Erfahrungen folgendes: »Sehr unruhige Pferde, die
sich in den Stallungen öfter losgerissen, wurden ruhig, als
sie vermittels blauer Farbtafeln bestrahlt wurden. Bei Violett wurden die Tiere so ruhig, daß sie sich sogar hinlegten.
Hingegen machte sie Orange sehr unruhig.«

In Oslo traf ich einen Arzt aus einer englischen Irrenanstalt, welcher mir erzählte, daß er mit gutem Erfolg in
sogenannten »Blauzimmern« die Tobsüchtigen behandle.
Die blaue Farbe beruhige diese Patienten bald. Bei Epileptikern geschah es, daß Patienten vor Nahen eines Anfalls
schnell das blaue Zimmer aufsuchten und so den Ausbruch
verhindern konnten. An Stelle von Blau kann in vielen
Fällen Blauviolett genommen werden. Je nach dem Temperament des Menschen oder der Tiere wird Violett dem
Blau, Blau dem Violett vorgezogen.

Rot verleiht dem Körper ein Kräftegefühl und wird von
Sportlern bevorzugt. Zum Beispiel ist von einem Boxer
bekannt, daß er sich vor jedem Kampf rot bestrahlen läßt,
um die Kraft dieser Farbe auf sich wirken zu lassen. Sie
stimme ihn so kampfesmutig und kampfeslustig und flößte
ihm eine solche Kraft ein, daß er seitdem aus jedem Kampf
als Sieger hervorgehe.

Daß man durch richtige Anwendung der Farben auch oft großen Materialschaden verhüten kann, beweisen folgende Feststellungen: Auf den Außenwänden der Schiffe setzen sich häufig Algen und besonders sogenannte Seepocken fest, die die Schiffswand in eine rauhe Wiese verwandeln und so den Reibungswiderstand des fahrenden Schiffes erhöhen. Durch solchen Schiffsbewuchs kann die Geschwindigkeit des Schiffes gelegentlich bis auf die Hälfte herabgesetzt werden. Um dieselbe Geschwindigkeit herauszuholen, müssen die Kohlenmengen zur Energieerzeugung vervielfacht werden. Unter der Mehrbelastung nützen sich die Maschinen schneller ab. Außerdem zerfrißt der Schiffsbewuchs den Schiffsbaustahl, so daß die Schiffe von Zeit zu Zeit ins Trockendock müssen, um von diesen Seepocken befreit zu werden.

Durch diese Schädlinge erleidet die Schiffahrt der Vereinigten Staaten, für die diesbezügliche genaue Berechnungen vorliegen, einen Ausfall von jährlich 100 Millionen Dollar. Längst versuchte man diesen gefährlichen Seepocken beizukommen. In ihrer Jugend schwimmen sie als Larven frei im Meer und setzen sich erst später auf dem Schiffsrumpf fest. Mit giftigen Anstrichen hatte man keinen Erfolg, da sich die Seepocken dagegen durch eine Kalkausscheidung abkapseln können. Laboratoriumsexperimente mit Seepockenlarven haben nun ergeben, daß sie sich nicht auf Flächen setzen, die einen ganz bestimmten grünen Farbton haben. Dadurch, daß man jetzt die Schiffe mit dieser, für die Seepocken unerträglichen Farbe streicht, kann man diese Schädlinge des Schiffsrumpfes stärker als bisher fernhalten, oder, wenn sie sich schon festgesetzt haben, verjagen. Mehrere solcher Berichte liegen aus Amerika vor, nachdem man dort die Erfahrung gemacht hat, daß gewisse Farben für gewisse Tiere Abschreckungsmittel sind.

In Amerika ist man natürlich mit allen Mitteln, die zur Farbenbestrahlung notwendig sind, aufs beste ausgestattet, mit elektrischen Birnen in allen Farben, ebenso mit Gläsern und elektrischen Lichtquellen, die aber sehr kostspielig sind. Wir müssen uns mit einfachen und billigen Hilfsmitteln behelfen und das Sonnenlicht ausnützen. Seit kürzester Zeit gibt es wieder farbiges Zellglas, das seit Kriegsbeginn nicht mehr geliefert wurde. Diese Zellglas-Farben-Bestrahlungstafeln sind federleicht und unzerbrechlich, kosten nicht den vierten Teil einer elektrischen farbigen Birne, deren Brenndauer ja auch begrenzt ist. Die Zellglastafeln sind zudem biegsam, können deshalb überall angebracht werden, auch direkt auf die zu behandelnden Teile, — wenn mit einem Drahtgestell versehen, sind sie auch aufstellbar.

Diese Bestrahlungstafeln sind für künstliche Lichtquellen geeignet und auch zur Behandlung mit Ausnützung der Sonnenstrahlen. Sie können überall ins Freie mitgenommen werden und dienen auch zum Aufhängen am Fenster für jeden Raum, sie sind mit Reißnägeln sehr schnell angebracht und wieder entfernt und haben den besonderen Vorteil, daß sie von der schwächsten bis zur stärksten Dosis die Farbenheilkraft in Anwendung bringen können, indem man zwei und mehrere Tafeln übereinanderlegt. So kann man doppelte, dreifache, vierfache Farbenkraft erzielen. Man kann auch die Zwischen-Farbennuancen herstellen: Blau über Rot gelegt gibt Violett, Gelb über Blau gelegt gibt Grün. Das kann man alles nicht mit farbigen elektrischen Birnen erzielen.

Schließlich kann man die Bestrahlungstafeln auch an einer elektrischen Lampe anbringen, nur muß man darauf achten, daß zwischen Lichtquelle und dem Zellglas genügend

Zwischenraum ist, so daß Zellglas und elektrische Birne sich nicht berühren.

Farbiges Zellglas gibt es in Blau, Rot, Orange, Gelb, Grün und Violett. Die Zwischenfarben stelle man notfalls folgendermaßen her:

1 blaue Tafel, darüber gelegt 1 rote Tafel, gibt ein prächtiges Purpurrot,

2 blaue Tafeln und 1 rote Tafel zeigt ein Blauviolett,

1 blaue Tafel und eine grüne Tafel geben türkisblau,

1 blaue Tafel, 2 grüne Tafeln geben ein kräftiges Grün, dazu kann man eventuell noch eine gelbe Tafel nehmen,

1 grüne Tafel, 2 gelbe Tafeln zeigen ein schönes Gelbgrün,

3 gelbe Tafeln, 1 rote Tafel geben rotorange,

2 gelbe Tafeln, 1 orange Tafel geben gelborange.

So können wir alle Spektrumsfarben bekommen und die 12 Monatsfarben, die zusammen in engster Beziehung stehen. Der Landmann weiß, welchen großen Einfluß die Gezeiten der verschiedenen charakteristischen Monatswirkungen auf den ganzen Betrieb der Landwirtschaft ausüben. So ist es auch bei Ausnützung der Farbenkräfte, die nicht in jedem Monat gleich stark und wirkungsvoll sind, wie die Sonnenkraft, von der sie abhängig sind.

Mensch, Tier und Pflanze sind von der Sonne genau so abhängig wie die Farbe. Die Farbenheilkräfte erhalten wir nach Aussagen von Experimentierenden am wirkungsvollsten 72 Minuten nach Sonnenaufgang. Angenommen, die Sonne geht um 6 Uhr auf, dann wäre der Beginn der Farbenbestrahlung um 7 Uhr 12 Minuten empfehlenswert und dann alle 2 Stunden, man kann also auch um 9.12 Uhr und dann 11.12 Uhr und so weiter beginnen oder mit der Polfarbe wechseln. Die genauen Aufzeichnungen sind leider verloren gegangen. Während der Hitlerzeit wurden diese Werke verbrannt, und was heimlich aufbewahrt worden war, ist der Bombenzerstörung zum Opfer gefallen. Wir müssen also wieder Erfahrungen sammeln, und das wäre immerhin sehr lohnend. Solche Forscherarbeiten sollten vom Staat energisch unterstützt werden, wodurch auch neue Erwerbsquellen für Arbeitslose geschaffen werden könnten.

Professor Pleasanton aus Philadelphia hatte besonders gute Erfolge mit blauem Farblicht bei gewissen Blumen und Früchten, über die er ein Buch veröffentlichte. Durch solche Werke sind viele Wissenschaftler zu eigener Forscherarbeit angeregt worden, die in der modernen Chromotherapie ihre Krönung fand. Ich erinnere mich, wie in einer Ausstellung in München an lebenden Pflanzen der Einfluß der verschiedenen Farbenstrahlen gezeigt wurde, und zwar unter blauem, rotem, gelbem und grünem Licht. In den dort gehaltenen Vorträgen wurde darauf hingewiesen, daß insbesondere die Blau- und Ultraviolettbestrahlung von großem Einfluß auf die Pflanzen sei. Es wurde auch darauf aufmerksam gemacht, daß nicht die gleichen Strahlen, die für den Zucker- und Stärkeaufbau maßgebend sind, also die r o t e n Strahlen, auch das Wachstum regulieren. Dies sind vornehmlich die kurzwelligen, die b l a u e n Strahlen, die die photographischen Schichten am stärksten schwärzen, die also die stärksten p h o t o c h e m i s c h e n Wirkungen hervorbringen. Lassen wir Pflanzen im r o t e n Licht heranwachsen, so unterscheiden sie sich in ihrer Gestalt kaum von solchen, die gänzlich im Dunkeln kultiviert worden waren. Blaues Licht dagegen läßt die Pflanzen sich zu ihrer normalen Gestalt entwickeln, wenn aber das Blaulicht über das normale Licht erhöht wird, werden die Formen kleiner und gedrungener, als die der normalen Pflanzen. Diese Beobachtung zeigt uns auch ein Ausflug ins Gebirge. Der Sonnenbrand, den wir unter Umständen heimbringen, lehrt uns eindringlich, daß die B l a u - und U l t r a v i o l e t t b e s t r a h l u n g in höheren

Lagen sehr intensiv ist. Wenn wir uns nun die Pflanzen des Hochgebirges ansehen, so fällt uns an vielen von ihnen Kleinblättrigkeit, niedriger, rasenförmiger Wuchs auf; oft sind sie eng zu Polstern zusammengedrängt, während in etwas tieferen, schattigen Lagen die Blätter bedeutend größer, zarter, die Pflanzen höherstenglig und im ganzen oft üppiger erscheinen.

Die Blütenfarbe ist bei den Alpenpflanzen infolge der hohen blauen Lichtintensität in der Regel viel intensiver als bei den Pflanzen des Tieflandes.

Professor Pleasanton verstand es, Form und Gestalt der Pflanzen mit Blaubestrahlung zu verändern. Er ließ sich zu diesem Zweck eigene Farblicht-Bestrahlungs-Vorfenster anbauen und photographierte die Wachstumsunterschiede in den verschiedenen Lichtarten. Die Pflanzen, die rotem, blauem, gelbem und grünem Licht ausgesetzt waren, wurden während dieser Zeit mit farbbelichtetem Wasser begossen.

Bei Tulpen war die Farbveränderung unter verschiedenem Farblicht auffallend — auch bei alpinen Pflanzen —, die gleichfalls mit farblichtbestrahltem Wasser begossen wurden.

Ebenso wurden Versuche mit Steingartenpflanzen angestellt und mit ausländischen Gewächsen verglichen, die auch auf ihre Fruchtbarkeit hin untersucht wurden.

Zu diesem Zweck probierte man Fenster mit verstellbaren Pflanzenbrettern aus und Kaktusfenster mit doppelten Reihen.

Zweckmäßige Pflanzen-Erker wurden für Versuchszwecke an den Häusern angebracht.

Professor Nils Finsen ließ sich Aquarien bauen mit farbigem Fensterglas, um so die Wirkung der Farben auf Fische und Wassertiere festzustellen. Dabei konnte er die interessantesten Beobachtungen machen, wie jedes der Tierchen seine Lieblingsfarben hat, auf diese zueilt und nicht zu bewegen ist, in den ihm unbeliebten Farben zu verweilen, auch nicht, wenn es dort Futter bekam.

Daß auch die Menschen ihre Lieblingsfarben haben, während sie gewisse Farben nicht leiden können, ist eine altbekannte Tatsache. Wenn man aber die Menschen fragt, warum sie gerade diese oder jene Farbe bevorzugen, vermögen sie gewöhnlich keinen triftigen Grund dafür anzugeben. Die moderne Psychologie sucht jetzt auch diese Zusammenhänge zwischen Menschen und Farbenerscheinungen zu erforschen. In meiner Schrift »Farben im Kosmos« habe ich bewiesen, daß es im Kosmos wie im Menschen einheitliche Charakter- und Farbenwirkungen gibt. Ich habe schon während meiner Lehrtätigkeit in Oslo im Jahre 1924 erklärt, daß den vier Haupttemperamenten, nämlich dem sanguinischen, dem melancholischen, dem cholerischen und dem phlegmatischen, bestimmte Farben zugeordnet sind: dem sanguinischen Charakter die Farbe gelb, die froh und heiter stimmt und freudig erregt macht; dem cholerischen Charakter die Farbe rot, sie wirkt aufreizend, lebendig, macht tätig und kampfesmutig; dem melancholischen Charakter die Farbe blau, sie stimmt ernst, wirkt beruhigend und besänftigend; dem phlegmatischen Charakter die Farbe grün, sie ist gut für die Erholung, wirkt ausruhend, macht bequem und langsam.

Professor Ewald Paul bemühte sich, das Geheimnis der Lieblingsfarbe zu lösen. Er war der Ansicht, daß es sich dabei um Reizerscheinungen des Nervensystems handelt. Jede Farbe übt einen Reiz auf die Lebewesen aus. Je nach der Veranlagung des betreffenden Lebewesens wird dieser Reiz angenehm oder unangenehm empfunden. Eine weitere Folge dieser Reizwirkungen ist, daß sich das Lebewesen zu einer

Farbe hingezogen und von anderen Farben abgestoßen fühlt.

Man hat auf Grund weiterer Beobachtungen gefunden, daß Lebewesen, die ein und dieselbe Farbe bevorzugen, eine auffallende Verwandtschaft der Charaktere zeigen.

Der Mensch, als das Höchststehende aller Lebewesen, zeigt auch, in dem Maße als er höher steht, eine besondere Empfindung für die Farbe. Gefühlsmäßig und sinnbildlich gilt ihm Blau als die Farbe des inneren Erlebnisses, der Tiefe, der Gottesnähe, des Glaubens und des Vertrauens. (Die Blümchen: Männertreue, Vergißmeinnicht haben blaue Blütensterne.) Der Purpur dagegen war von jeher die spezifisch königliche Farbe bei den Völkern und galt als Ausdruck der Würde und der Macht bei den Herrschern, die deshalb im Purpurmantel erschienen. (In der Natur schmückt das lichtere Purpur und das noch hellere Rosa viele unserer Obstblüten, zum Beispiel Apfel-, Mandel-, Pfirsichblüten tragen diese herrlichen Schmuckfarben. Versuche in Treibhäusern haben ergeben, daß Rotbestrahlung das Wachstum und das Aroma auch dieser Früchte fördert.)

In alten Büchern kann man noch vieles über die Symbolik der verschiedenen Farben finden, die sehr interessant und zutreffend ist. Diese Forschungen gehören aber in das Studium der Psychologie. Uns interessiert vor allem: Kräftewirkungen der Farben und ihre Dienstbarmachung für die Landwirtschaft sowie für die Gesundheit und ihre Beziehungen zu allen Lebewesen. Wer diese kennt, kann sie auch vorteilhaft anwenden. Hier sei noch folgendes bekanntgegeben:

Blau hat Bezug auf chronische Zustände, Abbau, Ablagerungen. — Seine Zuordnung ist: Herabsetzung der organischen Funktion, Ablagerung der Stoffwechselprodukte (das venöse Blut ist blau), chronische Krankheiten, Verstopfung, Harngrieß, Gicht, Rheuma, Erkältung, Lähmungserscheinungen, Verhärtungen, Haut, Knochen, Rachitis, Arteriosklerose, Stauungen im Blutsystem, Depressionen, Alkalien.

Rot hat Bezug zu Blut und Zeugungsorganen. — Zuordnung ist: Das aufbauende Blut (die Arterien sind rot), Muskel, Spannungszustände, Erregbarkeit, Tobsucht, Wunden, Blutungen, Infektionen, Fieber, Geschlechtsteile, Säuren.

Gelb hat Beziehung zum Nerven- und Atmungssystem. — Zuordnungen sind: Organische Nervenleiden, Neurasthenie, Kopfschmerz, Gedächtnisschwund, Sprachfehler, Zittern, Lungen, Luftröhre, Atmung, Bronchienerkrankung, Stimmbänderaffektionen.

Grün hat Bezug auf die Ernährung. — Zuordnungen: Das vegetative Nervensystem, Magen, Speiseröhre, Blase, Brüste, Anämie, Chlorose, Erbrechen, Schwindel, Abszesse, Zellwucherungen, Krebs, Basen.

Dr. med. Richard Kröber in München behandelte alle diese Krankheiten mit Zuhilfenahme der gepolten Farben-Lichtquellen, zum Beispiel Rot und Grün, Gelb und Blau, Grün und Violett usw., gleichzeitig oder nacheinander.

Dr. Ghadiali wies im besonderen auf die Atmungsorgane des Menschen sowie der Tiere und der Pflanzen hin und verglich sie miteinander, die sich in der Struktur ziemlich ähnlich sind — deshalb ist man gar nicht mehr erstaunt zu erfahren, daß wir die Erfolge der Farbenstudien mit Pflanzen auch auf uns, für unser eigenes Wohlbefinden übertragen können und daß farbbelichtetes Trinkwasser uns ebenso gut tun kann, wie den Pflanzen. Bei allen Experimenten ist es natürlich dringend notwendig, darüber Buch zu führen, und mit anderen Forschern in Gedankenaustausch zu treten, besonders auch mit Forschern im Auslande, was zu einer weltfriedlichen Gesinnung beitragen könnte.

Farbenwirkung durch Farbenkost

Für Mensch und Tier sind Farbenessen und Farbentrinken sehr zuträglich. Die Natur verabreicht uns diese Farben zum Teil in Früchten, zum Teil in Wurzeln, Salaten, Gemüsen, Gewürzen, die roten Farbenkräfte zum Beispiel in Kirschen, Erd- und Johannisbeeren, Himbeeren, in roten Rüben, Radieschen, roten Trauben, Äpfeln, roten Pflaumen, Tomaten, rotem Pfeffer usw. Wo sich das Rot in der Schale befindet, muß diese ungekocht mitgegessen werden. Die Farbe Orangerot essen wir in Orangen, Mohrrüben usw. Gelb finden wir in Zitronen, gelben Trauben, Eierpflaumen, gelben Birnen, im Eigelb, in Bananen, im Safran usw. Grün genießen wir in allen grünen Salaten, Gemüsen und Früchten, Blau haben wir in Blaubeeren, Blaukraut, Zwetschgen, blauen Trauben, Mohn usw.

In Krankheitsfällen ist Farbenessen besonders wichtig, aber nur als Rohkost, durch Kochen büßt die Farbe ihre Kraft ein, ihre Wirkung geht verloren. Künstliche Zutaten, welche die Farbe erhalten sollen, sind eher schädlich als nützlich.

Die günstige Wirkung des »Farbenessens« durch Verzehr pflanzlicher Rohkost kann noch verstärkt werden, indem man die Lebensmittel mit ihrer Eigenfarbe bestrahlt. Geschieht dies durch Sonnenlicht, genügen zirka 15 Minuten, durch elektrische Lichtquelle je nach Stärke zirka 30 Minuten. So bestrahlte Rohkost soll gleich nach der Bestrahlung genossen werden.

Interessant ist auch zu beobachten, wie sich die Farbe der Tiere durch farbliche Beeinflussung verändert. Füttert man zum Beispiel Gimpel anhaltend mit Hanfsamen, so neigt ihr Gefieder zum Schwarzwerden. Dagegen werden Kanarienvögel durch den Genuß von Safran orange, von spanischem Pfeffer rötlich. In der Heimat der Papageien versteht man die Kunst, das Gefieder derselben durch das Futter zu verändern. In Japan und China betreibt man diese Kunst nach dem Futterrezept der Japaner an den Zierfischen, die in prächtigen Farbenakkorden gezüchtet werden.

Solche Farbenveränderungen darf man nicht mit denjenigen verwechseln, die gewisse Tiere selbst vorzunehmen imstande sind, zum Beispiel das dafür allgemein bekannte Chamäleon. Der merkwürdige Farbenwechsel dieses Tieres gab schon im Altertum Veranlassung, einen Menschen, der seine Ansichten und Grundsätze geschickt seinem Vorteil entsprechend anzupassen pflegte, als Chamäleon zu bezeichnen. Früher glaubte man, das Tier könne seinem Körper beliebig die Farbe desjenigen Gegenstandes geben, auf dem es gerade sitzt. Das Chamäleon vermag jedoch nur eine gewisse Reihe von Farben anzunehmen, wobei Licht und Schatten, Wärme und Kälte sowie die wechselnden Gemütszustände des Tieres mitwirken.

Zu diesem Kapitel gehören auch noch die sogenannten »Mimikryfarben«, das sind Schutzeinrichtungen der Natur für Pflanzen und Tiere, die dazu dienen, durch die Anpassungsfarbe mit der Umgebung den Feinden unkenntlich zu erscheinen oder sie irre zu führen, zum Beispiel der Kiefernschwärmer und die meisten Insekten und Raupen, auch Blattläuse, Frösche, Würmer und Kröten, Eidechsen, Schlangen usw. bedienen sich dieses Mittels. Aber nicht nur als Schutzfarbe dient den Tieren und Pflanzen die Farbe und der Farbenwechsel, beides kann auch andere Gründe haben, denn bei vielen Vogelarten, während der Brunstzeit, dienen die Farben dazu, die Weibchen anzulocken.

Ein Herr der Landwirtschaftsschule in Gunzenhausen erzählte mir von Versuchen mit Hühnern, welchen man verschiedenfarbige Brillen aufgesetzt hatte, mit dem Erfolg, daß diese unter gewissen Farben fleißiger und unter anderen Farben größere Eier legten als sonst. Ich kann mir nur nicht vorstellen, wie solche Farbenbrillen angebracht werden sollen, daß sie die Henne geduldig trägt. Einfacher ist eine Farbenbeeinflussung durch Farbenbestrahlung mit Zellglasfarben im Hühnerhaus, zum Beispiel an Regentagen.

Zum Abschluß empfehle ich jedem, selbst Experimente mit Farben an Menschen, Tieren und Pflanzen zu machen, wobei nicht zu befürchten ist, daß man Schaden damit verursachen kann, wenn man das Naturgesetz der Ausgleichspole beachtet: Kälte verlangt Hitze, also Rot, Hitze verlangt Kälte, also Blau. Die Veränderungsfarbe im Krankheitsfalle beim Menschen zeigt deutlich: Fieberzustände in Rot, Frost- und Erkältungserscheinungen in Blau, Leberleiden in Gelb, Druckstellen in Grünblau. Hier sind die Farben als Warnungszeichen bedeutsam.

Man sieht, die Farben spielen in Gesundheit und Krankheit eine große Rolle in der Natur, sie unterstützen die Lebewesen im Daseinskampf, wirken als Chemikalien, sind eng verbunden mit den Elementen, die wir zum Leben brauchen.

In lichten Höhen blüht je nach Höhenlage und Wetter-
gestaltung ein kleines Wunder. Aus dem vergilbten und im
Sonnenlicht golden schimmernden Laub, das den Boden
deckt, ragen blattlos auf schwanken zarten Stielen die strah-
lend blauen Sterne des Leberblümchens. Es lohnt sich, einen
solchen Blütenteppich zu betrachten. Erstaunt müssen wir
bekennen, wie arm unsere Sprache ist, wenn sie die Blüten
des Leberblümchens schlechthin als blau bezeichnet. In seiner
Art ist es einmalig: dieses Blau, das wahrhaft zu bezeichnen
nur der polynesischen Sprache in der Südsee mit ihren Tau-
senden von Farbwörtern möglich wäre, berichtet Herr
Fischer.

Es ist ein köstliches Blau, dieses Leberblümchenblau, sei-
denzart und doch eindringlich: so eindringlich, als geistere
um diese Frühlingsblume ein zages Geheimnis. Und es ist
auch ein Geheimnis, das in der blauen Farbe schlummert.

Einst, als zwischen Mensch und heimatlicher Natur noch
innigste Bindungen bestanden, in grauer Ahnenvorzeit, als
der Ur-Bauer sich noch als ein organisches Glied der Schöp-
fung empfand, und die Verknüpfungen zwischen sich und seiner engeren und weitesten Umwelt als unumstößliche Ge-
wißheit betrachtete und nützte, war die Farbe nicht minder
wichtig als das Licht.

Das verraten uns noch zahlreiche Bräuche, die wir aber
leider meist als Kuriositäten oder als Ausflüsse eines kind-
haften Aberglaubens ansehen und darum einer ernsten
Überprüfung oder gar einer praktischen Nutzung für un-
würdig zu halten pflegen. Lesen wir zum Beispiel in den
älteren Berichten über China, daß dort für den »Sohn des
Himmels«, dem Kaiser, im Frühling, also in der Zeit, in der

bei uns das Leberblümchen blüht, blaue Gewänder, blaue Banner und eine blaue Verkleidung der Wagenpferde vorgeschrieben waren, daß bei den Frühlingsbräuchen dieses Herrschers ein blaues Kästchen eine große Rolle spielte, scheint uns dies wohl merkwürdig, aber wie wenige fragen sich, warum gerade Blau hier gewählt und Sitte ist! Das muß doch irgendeine Ursache haben. Der Abendländer hätte alle Ursache, solchen Bräuchen nachzugehen: denn es kann ihm doch nicht verborgen bleiben, daß nicht nur im kaiserlichen Reiche der Mitte das Blau im Frühling eine Rolle spielte, sondern daß das auch bei uns noch der Fall ist. Wir haben nur nötig, in den Kirchen die immer wieder wechselnden Farben der Altardecken anzusehen, um zu bemerken, daß im Frühling blaue Verwendung finden.

Wir können weiterhin feststellen, daß noch mancher urwüchsige Bauer seinen Lein (Flachs) aus blauer Schürze zu säen pflegt; wir können noch da und dort auf dem Lande beobachten, wie die Bäuerin bei schmerzhaften Erkrankungen die betreffende Stelle mit einem kräftig blauen Tuche umhüllt, wie sie bei Verletzungen die behandelte Wunde mit einem Stück blauen Stoffes bedeckt, kurz wie auch hier das Blau eine große Rolle spielt.

Alle diese Rätsel und Seltsamkeiten enthüllen sich aber als sinnvolle Maßnahmen, wenn wir uns der längst bekannten Tatsachen erinnern, daß auch B l a u d a s K e i m e n d e r S a m e n u n d d a s W a c h s t u m f ö r d e r t. Das aber tut eben die Sonne, wenn sie im Osten aufgeht, insbesondere zur Frühlingszeit. Hier wirkt sie »wie blau«. Aus diesem Grunde haben die Ahnen diese Zeit als »Blaue Wochen« und die Himmelsgegend, eben den Osten, auch als »Blauen Osten« bezeichnet. Die Mutter Erde schenkt der Welt neues Leben mit Zunahme des Lichtes und der Wärme. Auch in dem kalten starren Blau des Winters beginnt es sich zu regen und zu pulsieren, durch ein bißchen Farbenblut, das Rot. Es vermengt sich zum Rotblau oder Blauviolett mit zunehmender Wärme zum Blaurot oder Rotviolett. Das Blau wird aus seiner Ruhe gerissen und zur Entfaltung seiner besten Kräfte gezwungen, entsprechend dem Tierkreis im Ost-Sternbild.

Da also das Blau Keimen und Wachstum fördert, fand es in der Volksheilkunde seit Ur-Zeiten Verwendung, es war bekannt, daß eine sonst einwandfrei behandelte Wunde leichter schließt, wenn das Wachstum der die Wunde schließenden Zellgewebe gefördert wird, eine Erscheinung, die eben blaues Licht, mithin Licht, das durch blauen Stoff hindurchging, zuwege bringt. Und dieses blaue Licht ist es auch, das die Samenkörner in der blauen Schürze des Bauern anregt zum Keimen.

Im überirdisch strahlenden Blau des Leberblümchens stecken wie in dem blauvioletten Veilchen tiefe Geheimnisse. Grundverschieden in Form, Farbe und Charakter, erfreut sich das Veilchen der größeren Zuneigung des Menschen. Auf dem Lande erblickt man nur selten einen Strauß Leberblümchen in einer Bauernstube. Der Grund liegt in einem alten Glauben, der sich auf dem Lande erhalten hat. Es heißt nämlich, wenn man Leberblümchen heimbringt, gäbe es Krankheit und Tod. Und so scheuen sich die Landleute, dieses gefährliche Gewächs zu pflücken und als Zimmerschmuck zu verwenden. Diese, seine vermeintliche Schädlichkeit, teilt das Leberblümchen mit manchen anderen Pflanzen. Diese Feststellung besagt aber nur, daß zu der Zeit der Leberblümchenblüte Krankheiten und Todesfälle besonders zahlreich sind. Von kranken Menschen behauptet eine alte Bauernregel: »Wen der März nicht will, den nimmt der April!«

Wie wir gesehen haben, sind die wirksamsten Farben in der Natur Blau, Rot, Gelb und Grün. Es ist bekannt, daß sich in der ganzen Natur Hitze mit Rot paart. Das Feuer ist rot, ebenso die Blüten und Früchte von Pfeffer, von Gewürznelken, Muskat, Perubalsam usw., deren Färbung vom Scharlachrot bis zum Braunrot schwankt. Bei Krankheiten drückt sich Hitze, wie zum Beispiel bei Entzündungen oder Fieber, durch Röte aus. Den Kampfesmut und Kampfeswillen erregt bei vielen männlichen Tieren die Farbe Rot (Stiere, Truthähne, Gockel, Pfauen usw.), während weibliche Tiere nicht durch Rot im Sinne des Kampfes beeinflußt werden, dagegen aber in ihrer Leistungsfähigkeit profitieren können, wie durch Experimente festgestellt werden konnte, zum Beispiel bei Hühnern, die fleißiger und größere Eier legten bei roter Stallbelichtung und die sich, besonders an kalten Tagen, sehr wohl darin befanden.

Blau verbindet sich dagegen mit dem Begriff Kälte, der Schnee besitzt einen bläulichen Ton, ebenso wie die kalte Nacht. Die blaue Farbe eignet sich also als Mittel gegen Entzündungen und zur Beruhigung hitziger und nervöser Tiere.

Blau ist anzuwenden bei Entzündungen, Fieberzuständen, Blutungen und nervösen Reizungen. Seine Wirkung ist kühlend, stillend, zusammenziehend, beruhigend und hemmend.

Rote Belichtung dagegen ist angebracht bei Abmagerung, bei einem Mangel an Lebenskräften oder an Lebenswärme, bei mangelnder Ernährung, Schlafsucht, Lähmungen usw.

Grün ist nützlich in Verbindung mit Blau (zusammen verwendet auch Blau mit Gelb). Rot und Gelb ist ein gutes Anregungsmittel und kann auch abführend wirken. Die

Mischung von Gelb mit Rot, also Orange, ist gut gegen Kälte, Schlaffheit und Müdigkeit.

Verstopfung wird durch Trinken gelbbelichteten Wassers beseitigt, Durchfall dagegen durch blaues Licht und durch Trinken blaubelichteten Wassers.

Im allgemeinen ist Rot bei solchen Fällen anzuwenden, wo ein Mangel an Lebenskräften auftritt, bei Blutarmut und dergleichen. Auch Hautausschläge wurden durch rote Bestrahlung geheilt. Dr. Babbit heilte Lähmungen, Auszehrung, Erschöpfung und Krankheiten der Gebärmutter durch die Macht der kraftspendenden roten Farbe. Strahlmann gibt an, daß in Masuren alte Leute rote Lappen um schlechtheilende Wunden wickelten, um eine raschere Vernarbung hervorzurufen. In Indien spannte man über Scheintote zur Wiederbelebung rote Tücher aus.

Bis heute liegen leider noch keine überzeugenden Berichte vor, ob man mit Farbenkräften die verschiedenen Seuchen aus den Stallungen bannen kann. Solche Experimente müßten noch durchgeführt werden. Man wundert sich, daß es nicht schon längst vom Staat aus geschehen ist.

Farbenanwendung und ihre Erfolge

Als die drei wichtigsten Farben gelten Blau, Rot und Gelb, denn sie repräsentieren Sauerstoff, Kohlenstoff und Wasserstoff, aus denen die Welt und ihre Naturerzeugnisse zum größten Teil bestehen. Das weiße Licht oder besser das farblose Licht, wie es die Sonne ausstrahlt, ist die Verschmelzung aller Farben, in ihm sind auch die drei Grundfarben Blau, Rot, Gelb vorhanden. Farbiges Glas hindert den Durchgang der andern Strahlen, mit Ausnahme derjenigen, die so gefärbt sind, wie das Glas selbst. Vom weißen Licht sperrt es die andern Farben ab, mit farbigem Licht geht es Verbindungen ein, zum Beispiel blaues Glas mit gelbem Glas, verwandelt sich zu Grün usf. Bei Versuchen kann man die verschiedensten Experimente anstellen, man wird beobachten, daß zum Beispiel ein Rot mit bläulichem oder gelblichem Einschlag verschiedenartige Wirkungen hervorbringt.

Camille Flammarion, ein auch außerhalb seines Vaterlandes sehr bekannter und angesehener französischer Astronom, machte zum Beispiel ein Experiment mit Salat, den er unter feuerrotem Glase wachsen ließ. Der Salat wuchs viermal so schnell wie in dem gleichen Boden gepflanzter anderer, der nur dem gewöhnlichen Sonnenlicht ausgesetzt blieb. Unter grünem Glas war das Ergebnis nicht so glänzend, doch war immerhin der Salat kräftiger und weit besser als der gewöhnliche, während das blaue Licht nur einen unbedeutenden Einfluß auf das Wachstum ausübte. (Leider fehlt das Ergebnis bei gelber Bestrahlung.)

Bei anderen Pflanzen kam man zu abweichenden Resultaten. Beispielsweise maß Mais unter weißem Glas 63,5 Zentimeter, unter rotem 45,7 Zentimeter, unter grünem 20,3 Zentimeter und unter blauem 15,2 Zentimeter. Bohnen gediehen unter weißem und rotem Glase vortrefflich, gingen aber unter grünem und blauem Glas ein usw.

Wenn es nun nach solchen und ähnlichen Versuchen unwiderleglich feststeht, daß farbiges Licht auf Pflanzen und Tiere starke Einflüsse ausübt, warum verwendet man solche Einflüsse noch immer nicht bei der Aufzucht von Tieren, die ebenso wie Pflanzen Licht und Farben zum Wachstum benötigen? In lichten Stallungen mit Fenstern, an welchen die unzerbrechlichen billigen, leichten farbigen Zellglastafeln einfach mit Reißnägeln leicht anzubringen und auszuwechseln sind, gedeiht das Vieh weit besser als in dumpfen dunk-

len Stallungen. Auch besteht die Möglichkeit, die Stall-
räume vermittels farbigen Lichtes von allerhand Insekten
und Bakterien zu säubern. Blau wirkt nicht nur abstoßend
auf Fliegen, sondern auch auf Flöhe und anderes Ungeziefer,
wie bereits mitgeteilt. Auch sei nochmals erwähnt, daß bei
Versuchen mit Wasserflöhen und einer Art von Blaualgen
man ebenfalls beobachten konnte, wie sie bei blauer Belichtung verschwanden.

Farbe als Leistungssteigerungsmittel

Aus Amerika wurde erst vor kurzem berichtet, daß Kühe,
die liebevoll behandelt werden in lichten, beruhigenden,
schönen, blau gestrichenen Ställen viel mehr Milch geben als
solche, die noch immer wie früher in dunklen, schmutzigen,
grauen Ställen vegetieren müssen, von Fliegen geplagt sind
und unfreundliche Behandlung erfahren. Dieses Experiment
wurde auch bei Schafen und Ziegen durchgeführt, mit gleich
guten Erfolgen.

Pferde erholen und kräftigen sich viel besser in blauen,
fliegenlosen Stallungen. Wie bereits berichtet, meiden Fliegen und andere Insekten die Farbe Blau, die auch zugleich
erfrischt und beruhigt. Im Winter können die Fenster in
blauen Stallungen gelbe Bestrahlungstafeln bekommen,
dann wird der Raum ein schönes Grün erhalten, was die
Tiere lieben, sie an Weide und Gras erinnert und ihren
Appetit stärkt.

Mit dem roten Farbbad gegen den Kornkäfer

Alljährlich gehen durch tierische Schädlinge gewaltige
Mengen an Nahrungsmittel verloren, die zur Ernährung

von vielen Millionen Menschen ausreichen würden. Deshalb hat es sich das amerikanische Landwirtschaftsministerium zu seiner vordringlichsten Aufgabe gemacht, Mittel und Wege zu finden, um dem Insektenfraß bei eingelagertem Getreide Einhalt zu gebieten. Wissenschaftliche Forschung und Aufklärung gehen hier Hand in Hand.

Der jüngste Erfolg auf diesem Gebiete ist die Entwicklung eines Verfahrens, mit dessen Hilfe sich schnell feststellen läßt, ob Getreidekörner von den Eiern des Kornkäfers befallen sind oder nicht.

Spezialisten in der Insektenbekämpfung haben beobachtet, daß Getreideproben, die für ein paar Minuten in ein f u c h s i n h a l t i g e s (Fuchsin ist ein roter, aus Teer gewonnener Farbstoff) F a r b b a d getaucht wurden, den Befall nach dem Abwaschen anzeigen. Es erscheinen an den Stellen, wo der Kornkäfer seine Eier abgelegt hat, kleine rote Punkte, die bei einwandfreien Körnern nicht auftreten. Bisher mußten die Körner zur Untersuchung jeweils aufgeschnitten werden. Das Weibchen des Kornkäfers legt nämlich seine Eier in winzige Löcher, die es in die Oberfläche eines Kornes beißt. Danach verschließt es die verletzte Stelle so sorgfältig mit einer Absonderung, daß später selbst bei genauem Hinsehen das Korn vollkommen gesund aussieht.

In den Mühlen der Vereinigten Staaten hat das neue Prüfungsverfahren bereits Eingang gefunden. Bisher konnte man immer erst nach dem Mahlen feststellen, ob das Getreide von Schädlingen befallen war. Mehl, das von Insekten durchsetzt ist, kann natürlich nur verfüttert werden. Mit Hilfe der neuen Methode kann man nun von vornherein dafür garantieren, daß das verwendete Mehl einwandfrei ist.

Welchen Zweck verfolgt die Natur mit Farben an Pflanzen und Tieren?

Wozu dient die Buntheit in Floras Reich? Warum die verschwenderische Fülle von Farben über Wiese und Hain gestreut?

Warum haben Pflanzen (z. B. Farnkräuter und Moose auch Stempel und Staubgefäße der Blumen und Blüten) und Tiere (z. B. manche Sorten Affen) gelb oder rot gefärbte Geschlechtsorgane? Warum prangen Meeresalgen, tief unten am Grunde stiller Buchten, in einer Fülle herrlicher Farben? Eine edle Harmonie waltet in allem lebendigen Geschehen und prägt der lebendigen Form ihre Gesetze auf. Ihre Geheimnisse sind von einer unergründlichen Tiefe, sie verraten eine Fülle der Entdeckungen, die noch unserer Kinder harren. Mögen sie diese zum Nutzen ihrer Zeitgenossen verwerten! Der Erforschung der Farbenkräfte steht noch ein sehr großes Gebiet offen, speziell ihrer Nutzbarmachung auch in der Landwirtschaft.

GUTACHTEN:

Dr. Ing. hab. Ernst Roßmann, Abteilungsleiter im Doerner-Institut, Lehrbeauftragter der Technischen Hochschule München:

„Die Farbenlehre von Frau Prof. Eberhard dürfte dazu angetan sein, das Farbenempfinden des einzelnen harmonisch zu gestalten. Es dürfte durch die Farbenlehre möglich sein, daß auch Leute, die kein besonderes künstlerisches Farbenempfinden besitzen, mit Hilfe der Farbenlehre zu harmonischen Farbenzusammenstellungen gelangen. Daher dürfte die Farbenlehre für das geschäftliche und handwerkliche Leben eine begrüßenswerte Hilfe sein, um harmonische Farbenzusammenstellungen leichter aufzufinden."

Prof. Dr. Manfred Schröter, Technische Hochschule München:

„Ich habe . . . keinen Zweifel gelassen, daß ich Ihre Arbeiten aufs Höchste bewerte, weit über Ostwalds Theorie stelle und als eine ungemein lehrreiche, wertvolle und originelle Leistung zu dieser ganzen Frage betrachte. Durch die Einfachheit und Durchsichtigkeit Ihrer Gesamtanschauung gewinnt die Theorie etwas Beglückendes. Man sieht tief in die Gesetzlichkeit der wunderbaren Natur hinab . . ."

QUELLENANGABE:

Goethes Farbenlehre: Aus Goethes sämtliche Werke 32. – 36. Band. Reclam-Verlag, Leipzig.

Licht und Farben im Dienste der Gesundheit: Prof. Ewald Paul, Leiter der Intern. Wiss. Gesellschaft für Licht- und Farbenforschung. Selbstverlag, München-Bad Aussee.

Spectro-Chrome-Metry: Home Training Course by its Originator Dr. med. Dinshah P. Ghadiali. Verlag: New-Jersey, Spectro-Chrome-Institut.